Uta Henrich
Jenseits aller Erziehungsvorstellungen
Geschichten, die berühren

Uta Henrich
Jenseits aller Erziehungsvorstellungen
Geschichten, die berühren

Bibliografische Information der Deutschen Nationalbibliothek:
Die Deutsche Nationalbibliothek verzeichnet diese Publikation in
der Deutschen Nationalbibliografie; detaillierte bibliografische
Daten sind im Internet über http//dnb.dnb.de abrufbar.

© 2018 Uta Henrich, Löhnberg
Umschlaggestaltung: © Ida Henrich, Glasgow
Innenabbildungen: © Ida Henrich, Glasgow
Lektorat: Dunja Herrmann, Dr. Katrin Scheiding
Satz: Ida Henrich
Foto: Meik Merkelbach

Herstellung und Verlag:
BoD – Books on Demand, Norderstedt

ISBN 9783752803358

In Dankbarkeit
für meine Eltern

Inhaltsverzeichnis

Vorwort 9

Einführung 11

Wo alles beginnt 15

Der innere Sonntag (im Leben einer Frau) 19

In Verbindung SEIN (jenseits aller Rollen) 25

Die Liebe wandelt (dich) wundersam 31

Feuer und Flamme (für das Wesen der Kinder) 37

Couch und Weisheit (frei Haus) 41

(Rastlos) auf dem Weg zur Gegenwärtigkeit 47

(In Erziehungsfragen) an einem Strang ziehen 53

(Glücklicherweise) aufgewacht 61

Vorwort

Uta Henrichs illustrierte Geschichten sind schön und unerschütterlich menschlich. Da passiert immer etwas Unerwartetes: IMMER. Es beginnt, natürlich, mit Altbekanntem: Eine Ehe, die nimmer so läuft, eine Rolle die nimmer passt, Stress mit den Kindern. Das ganze banale, angestaubte Sortiment. Und dann auf einmal – BUUUFFF – öffnet sich der Alltag. In das Unerhörte, das Ver-rückte. So verrückt wie eine Prinzessin, die dringend mal hinter die Büsche muss bei einem Pressetermin, weil sie eben, na ja, MUSS. Und von diesem Sprung ins Ungeahnte kommt die Leserin, der Leser, die Betrachterin, der Betrachter selbst ver-rückt zurück. Mit einer im wahrsten Sinn des Wortes zurecht-gerückten Perspektive: auf den Menschen, mit dem man lebt, auf die Kinder, die man begleitet (und die einen begleiten), auf das Fest des Lebens, die Zärtlichkeit, die erfüllenden Dinge des Alltags. Ei, wie wäre das: jeden Tag einmal nach dem Verrückten suchen, nach der Gelegenheit, neben sich zu treten? Und BUUUUFF – stehen da der Tag, der Lärm, die Hetze, die Ziele, die Erziehung, die guten Manieren, die Moral, die Expertentipps, die Erklärungen, die Sachzwänge, die eigene Großartigkeit in einer ganz neuen Perspektive da. Anders gekleidet, anders gefühlt, anders empfunden. Nicht befreit – aber frei für Änderungen, für Neues. Für Entwicklungen. Mehr könnten wir uns selbst im Märchen nicht wünschen.

Herbert Renz-Polster, Kinderarzt und Autor

Einführung

Seit wie vielen Millionen Jahren leben Menschen doch gleich auf dieser Erde? Zwei Millionen Jahre vielleicht? Egal. Fest steht, dass seither Generation für Generation Kinder geboren werden. Machen wir uns diese Dimension einmal bewusst! Ist es nicht anmaßend zu glauben, dass gerade ich heute alles richtig machen könnte mit der Kindererziehung? Ich habe in 25 Jahren ein paar Bücher gelesen, eine Handvoll Seminare besucht. Ist es nicht ein wenig lächerlich anzunehmen, dass nun die ganze Welt den Atem anhält, weil ich daherkomme und es so scheint, als wüsste ich, wie das geht? Jetzt, ausgerechnet jetzt soll die Generation am Zug sein, die in Sachen Erziehung alles ‚richtig' macht. Glaubst du das?

Ach ja, ich habe ganz vergessen diesen Online-Kurs zu erwähnen, den ich absolviert habe. Das ist wirklich bedeutsam, dass ich mich – gemessen am Weltgeschehen – mit den wirklich wichtigen neuen Erkenntnissen beschäftigt habe. Und du? Mit welchen Erkenntnissen und topaktuellen Trendrichtungen kannst du hier punkten? Ist es das Familienbett oder dass du dein Kind trägst? Ist es das bedürfnisorientierte Stillen oder gar die Tatsache, dass du ein Feingespür dafür entwickelt hast, wann dein Baby ‚Pipi' muss? Gehörst du zu den Eltern, die eine Initiative gegründet haben oder ihr Kind über 80 Kilometer in eine Richtung zur Schule gefahren haben und das für 10 Jahre (so wie ich)?

Was berechtigt dich als Elternteil, nach dieser unvorstellbar langen Zeit der Menschheitsgeschichte diesen Orden zu tragen? Diesen Pin an deiner Brust, der dir die Auszeichnung verleiht, dass du alles so komplett anders, so richtig machst. Schaue ich mit nüchterner Distanz auf das Thema Kinder und Erziehung, dann frage ich mich, was sich eigentlich geändert hat: Menschen werden gezeugt, Menschen werden geboren, Menschen wachsen heran. Menschen geben in die nächste Generation weiter, sie leben unter den jeweiligen Lebensumständen, Menschen sterben. Jede Generation hat andere Bedingungen und Herausforderungen. Das Leben hat funktioniert, ohne dass Eltern und Erwachsene sich gerade einen Kopf machen. Dieses unaussprechlich umfassende System scheint zu leben, ohne dass wir ein künstliches ‚Etwas' dazutun müssten, um den Lauf der Dinge zu beeinflussen.

Familienbett, Alternativ-Schule, Turbo-Abi, Musikschule, vegane Ernährung, Computer-Regeln: Wenn du die größeren Zusammenhänge anschaust, dann wirkt vieles, mit dem du dich tagtäglich in deiner Elternrolle auseinandersetzt, geradezu lächerlich. Macht es im großen und ganzen Bild dieser Welt einen Unterschied, ob du dein Baby biologisch-vegetarisch ernährst oder ob es im Vier-Stunden-Rhythmus ein Fläschchen mit Fertignahrung bekommt? Ist es so bedeutsam, dass das Kind mit 2,5 Jahren vor dem Fernseher sitzt und Chips futtert?

Du merkst anhand meiner Worte, dass ich dich herausfordern will. Ich habe dich eingeladen, die Bedeutung deiner täglichen Fragestellungen einmal aus einer anderen Perspektive zu sehen. Jede Geschichte in diesem Buch lässt dich ähnliches erleben. Denn jede Geschichte enthält eine überraschende, wundersame Wendung, mit der ich dir zeigen will, was möglich sein könnte – jenseits deiner Erwartungen. Du bekommst die Gelegenheit, auf eine Gedankenreise zu gehen und dich neu zu verorten. Das Buch wird dir Leichtigkeit, ein Schmunzeln und Freude schenken, und gleichzeitig wird es dir helfen, Einstellungen zu verändern und neue Sichtweisen zu erlangen.

Mit meinen Geschichten möchte ich dir einen Anker zuwerfen, der dir bei deinem Lebensflug durch Raum und Zeit etwas Orientierung, Sicherheit und Stabilität gibt. Ich wünsche mir, dass du diesen Anker auffängst. Dass du die Geschichten, Illustrationen und Impulse zum Anlass nimmst, um eine innere Klarheit zu entwickeln, die dich bei deinen Herausforderungen rund um die Familie stärkt.

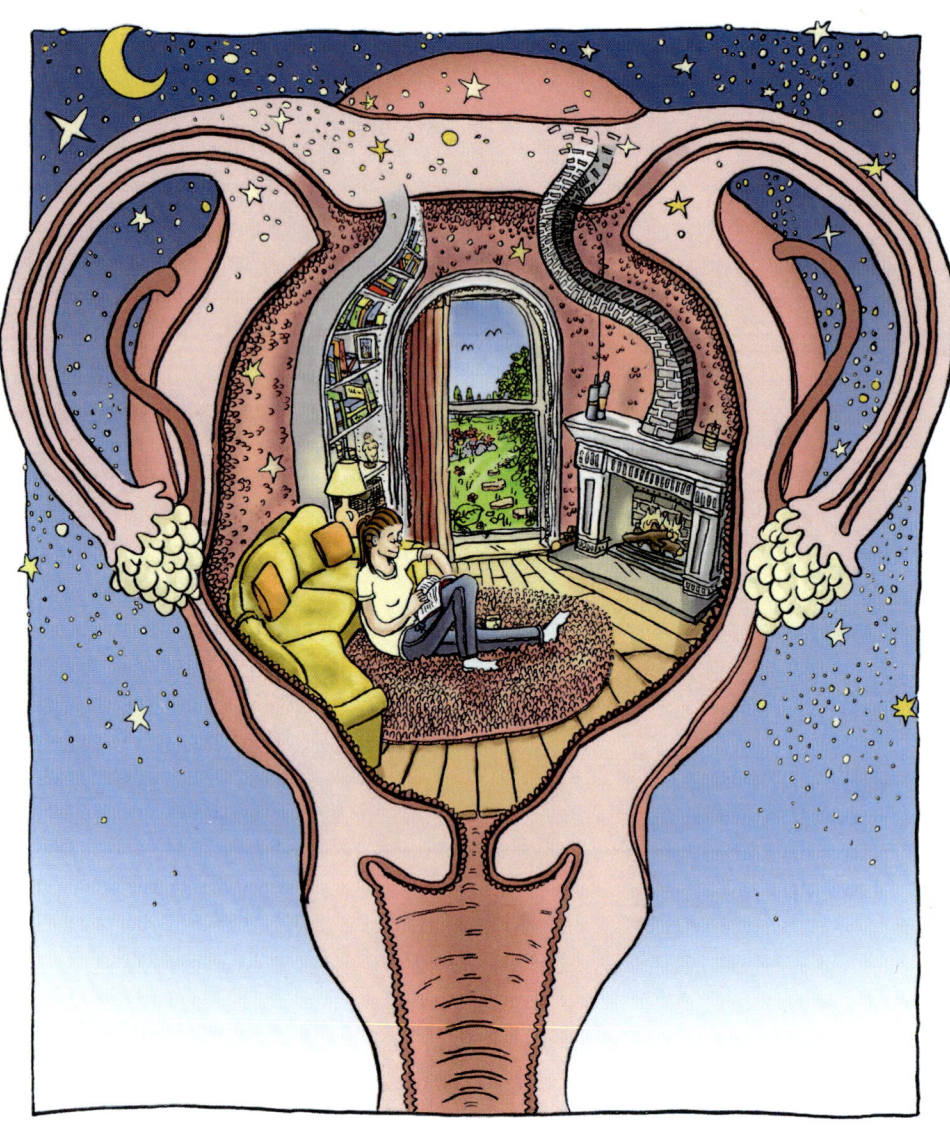

Wo alles beginnt
Was du wissen solltest, bevor du dich auf deine Lesereise begibst

Lass uns die Gebärmutter einer Frau besuchen. Den Mikrokosmos des weiblichen Körpers. Darunter verstehe ich gewiss nicht diesen medizinisch abgeklärten, rein funktionalen Ort, dieses Organ, das zwar zu gewissen Zeiten im Leben einer Frau wichtig sein soll, auf das man später aber verzichten kann. In jenem Bild ist die Gebärmutter schwach, die Frau auch. Es ist lediglich ein Organ der Reproduktion, und wenn es Probleme macht, wozu es unter dieser vorherrschenden Betrachtungsweise und der damit verbundenen Lebensweise tendiert, lässt man es einfach wegoperieren. Man glaubt, dass die Gebärmutter ab einem gewissen Alter überflüssig ist und vorher nur Probleme macht. Selbst die Menstruation gilt als ein monatlicher Störfaktor, den man mit geruchsbindenden und parfümierten Binden übertünchen kann.

Eine Frau hat mir vor einigen Jahren berichtet, dass der Operateur sie vor der anstehenden Entfernung ihrer Gebärmutter am Krankenbett aufgesucht hat. Er sagte: „Na, dann wollten wir Sie mal ausräumen!" Vermutlich hat dieser Arzt bis heute keine Ahnung, wie tief er diese Frau verletzt hat. Doch das betrifft mehr als nur diese eine Frau: Ihr Erlebnis veranschaulicht eine Denkweise und eine Herangehensweise an medizinische Probleme, die grundlegendes Wissen über Weiblichkeit und Gesundheit außer Acht lassen. Dieses Wissen wurde aus unseren Köpfen ‚herausoperiert', ähnlich dem Entfernen einer Gebärmutter aus dem Körper einer Frau – und das hat nicht zu unterschätzende Folgen für die Empfängnis, Schwangerschaft und Geburt eines Kindes.

Es ist nicht jene Gebärmutter, die ich gedanklich mit dir aufsuchen will, sondern eine Gebärmutter, die völlig jenseits der Vorstellung dieses Arztes liegt und damit auch jenseits der Vorstellung vieler Frauen. Komm, begleite mich ein

Stück des Weges, damit wir diesen Ort aufsuchen können, der für dein Kind und sein Wachstum unermesslich ist!

In der Gebärmutter ...
Dieses wunderbare Organ, das in den verschiedenen Kulturen dieser Welt so einzigartige Bedeutungen hat, liegt ziemlich genau im Zentrum des Körpers einer Frau. Es ist sozusagen durch sehr starke, kraftvolle Bänder im Mittelpunkt aufgehängt. Was für ein tolles Bild! Ich weiß nicht genau, welche Vorstellung du mit der Gebärmutter verbindest und ob du dir je Gedanken dazu gemacht hast? Ich verbinde unter anderem eine Art Kathedrale damit, einen heiligen Raum, der einen wundervollen Klang ermöglicht. Hast du je die Gelegenheit gehabt, ein Konzert in einer Kathedrale zu hören oder gar mitzusingen? Ein sehr erhebendes Gefühl.

Die Gebärmutter folgt bestimmten Zyklen im Körper einer Frau. Es sind die monatlichen Zyklen, die uns direkt mit veränderten Zuständen verbinden, mit der Ebbe, wenn du so willst, und mit der Flut. Nichts bleibt so, wie es ist. Alles ist in ständiger Veränderung. Gleichzeitig durchläuft die Gebärmutter auch die Zyklen eines jungen Mädchens, einer jungen Frau, einer Mutter, einer Frau zum Ende ihrer Fruchtbarkeit und einer weisen Frau. Sie kann auch den Zyklus einer kompletten Schwangerschaft durchlaufen, an dessen Ende sie die Plazenta gebiert und sich danach wieder zurückbildet, nur um weiterhin im Fluss ‚ihrer' Entwicklung zu sein.

Die Gebärmutter durchläuft den Frühling, den Sommer, den Herbst und den Winter im Leben einer Frau. Sie hat ganz offensichtlich ein enormes ‚Wissen' um die Rhythmen und Zyklen einer Frau. Möglichst nah dranzubleiben und immer wieder den Versuch zu unternehmen, mit der Gebärmutter in Verbindung zu sein, ist deshalb von enormer Bedeutung.

Die Gebärmutter ist die weise, allzeit zugängliche Beratungsstelle im Zentrum eines Frauenkörpers.
Ich lade dich mit dieser Gedankenreise ein, durch eine veränderte Brille auf dieses Organ zu schauen, das der Ort ist, in dem dein Kind herangewachsen ist. Der Ort,

der so einzigartige Stärke in sich verbindet und im selben Moment sicheren und geborgenen Raum für Entwicklung gibt. Die Gebärmutter, die ich persönlich mit Stärke und Weisheit verbinde, hat kraftvolle und nachgebende Qualitäten im selben Moment. Sie kann aufnehmen und geben. Sie ist ein Ort, der unmittelbar und ungeschminkt den Anfang und das Ende von Leben symbolisiert. Die Themen um Leben und Tod verbinde ich mit diesem Organ.

Vielleicht bist du jetzt bereit, dir diese Fragen zu stellen und sie eine Weile mit dir zu tragen: Wo beginnt in deiner Vorstellung das Leben? Ist es für dich denkbar, dass das Leben nicht erst zwischen Eierstock und Gebärmutter entsteht? Könnte es sein, dass das Leben schon vorher da ist? Könnte es sein, dass die Gebärmutter dem Leben Raum gibt? Ist sie ein Ort der Transformation, weil sie Übergänge schafft? Je intensiver ich mich mit diesem Organ beschäftige, desto kleiner werden bei mir die Fragen um alltägliche Erziehungskrämpfe. Ich empfinde Demut und werde mit meinen Erziehungsvorstellungen geschmeidiger und nachgiebiger. Meine Entscheidungen und Einstellungen verlieren an Bedeutung.

Welche Gedanken würdest du in dein Tagebuch notieren, wenn du die Gebärmutter persönlich besucht hättest? Was würdest du aufschreiben oder zeichnen, wenn du sie als Weise befragt hättest? Was könnte sie dir als Fachfrau zu den Themen um Leben und Tod vermitteln? Welche Informationen hätte sie zu Zeitfragen, zum G8- oder G9-Abitur? Welche Bemerkung würde sie machen, wenn du sie fragst, ob du dein Kind schon in die Krippe geben solltest? Was würde sie dir zu Erziehungsfragen sagen, die dich noch gestern in deinem Alltag so unzufrieden gemacht und in Angst gefangen gehalten haben?

Dieses Verbundensein mit der weiblichen Kraft, die ihren Ursprung in der Gebärmutter hat, soll dich fest verorten. Von hier aus kannst du frei nach deinen Wünschen in die eine oder andere Geschichte eintauchen.

Der innere Sonntag (im Leben einer Frau)

Diese Geschichte habe ich in Anerkennung und großer Dankbarkeit für meine Ahninnen geschrieben.

Hermine lebt auf dem Land, vor mindestens 100 Jahren. Sie steht stellvertretend für die Ahninnen der Frauen aus dem 21. Jahrhundert. Unter Umständen hat sie in ihrer Lebenszeit einen, vielleicht sogar mehrere Kriege erlebt. Sie führt ein ausgesprochen arbeitsames Leben. Ihre Hände sind kräftig, ihre Nägel meistens leicht verschmutzt. Die Innenflächen ihrer Hände sind rau und trocken. Mit den zarten Händen einer Frau, die Zeit und ein Pflegemittel hat, um ihren Körper zu verwöhnen, haben ihre Hände nicht viel gemein. Tagein, tagaus trägt sie eine Arbeitsschürze. Ihr Haar ist streng zurückgekämmt. Es fällt nie offen über ihre Schultern.

Eine willkommene Abwechslung in ihrer Arbeitswoche ist der Sonntag. Der einzige Wochentag, an dem sie Gelegenheit hat, ihre Seele zu nähren. Ab und an liest sie ein paar Seiten in einem Buch. Die Vorfreude darauf gibt ihr unter der Woche Kraft. Es ist, als ob sie innerlich die Angel auswirft, hin in den kommenden Sonntag. Nicht so sehr, weil sie dieses Buch unterhaltsam findet, sondern weil sie die leichte Art dieses Wochentags so sehr genießt. Etwas Ruhe und Muße sind ihr vergönnt. Denn nur an diesem Tag wird es als akzeptabel angesehen, in der guten Stube zu sitzen. An den Wochentagen bleibt dieser Raum ungenutzt. Am Nachmittag gibt es sogar ein Stück Kuchen. Auch dadurch erhält dieser Tag etwas Süßes, das Hermines Seele nährt. Das sind auch schon die angenehmen Momente in ihrem Leben. Dieses Leben ist geprägt von dem, was getan werden muss. An den anderen Tagen denkt man nicht, hat keine Ansprüche, man ist ein funktionierendes Rädchen auf dem bäuerlichen Anwesen.

Hermine ist auch verheiratet. Mit Hermann. Er ist ein fleißiger Mann. Auch in ihrer Ehe kennt sie nichts Süßes, keinen Genuss und keine Muße. Auch in ihrer Ehe funktioniert sie. Sie tut das, was getan werden muss. Freude oder gar Lust empfindet sie dabei nicht. In ihrer Ehe gibt es kein Sonntagsgefühl. Ganz tief in ihrem Inneren hat sie ein Wissen von dem Sonntag im Leben einer Frau. Sie hat eine leise Ahnung, dass sie aufblühen könnte, wenn sie jeden Tag ein Stück Sonntag empfinden würde. Es gibt diese Sekunden, wenn der laue Frühlingswind ihre Gesichtshaut streichelt. Dann atmet sie tief ein, schließt für Sekunden die Augen und fühlt sich genährt. Gestreichelt.

Diese Momente geben ihr das Gefühl, dass sie sich ausdehnen und weiten kann. Es ist, als ob ihre arbeitsame und funktionierende Schale für einen Moment dahinschmilzt. Ihre weibliche Kraft, herausgekitzelt durch den lauen Frühlingswind, drängt von innen an diese raue Schale und gibt ihr für Sekunden die Idee, wie es sein könnte, wenn der innere Sonntag einer Frau nicht nur ein Lüftchen wäre, das vorbeizieht. Wenn sie dann am Abend neben ihrem Mann im Bett liegt, er ihr nach dem, was im Bett getan werden muss, längst den Rücken zudreht und leicht vor sich hin schnarcht, dann sind es keine zarten Lüftchen, sondern ganze Stürme, die in ihr toben. Und es fällt ihr schwer, wieder eine innere Ordnung zu erlangen. Der Sturm tobt von innen und trifft auf ihre arbeitsame und wohl funktionierende Schale.

Der Sturm steht für alles, was in Hermine wirbelt und nicht gesehen werden will. Nicht mal von ihr selbst. Da ist ihre Liebe als Frau, eingesperrt hinter der Schale. Da ist eine Ahnung, aber kein Weg. Auch sie dreht ihrem Mann nun den Rücken zu. Das Gesicht gegen die weiß gekalkte Wand gerichtet. Was ein wenig Erleichterung schafft, ist der Schlaf. Einige Tränen Schmelzwasser drängen von innen durch ihre Augen. Dann kommt der rettende Schlaf, der ihr helfen wird, die äußere Ordnung zu wahren. Die Ordnung und Disziplin, die sie gleich am Morgen wieder an ihren Platz stellt. Bei Sonnenaufgang beginnt ein neuer, arbeitsamer Tag.

Hermine träumt, wie Hermann ihr am Nachmittag mit seinen Händen eine Haarsträhne unsagbar liebevoll aus dem Gesicht streift. Dabei hat er ihr in die Augen gesehen und gesagt, wie sehr er sie schätzt und dass er es kaum erwarten kann, bis der Mond aufgeht. Diese liebevolle, kleine Geste war ausreichend, um sie den Rest des langen, arbeitsamen Tages zu tragen. Kurz vor dem Abendbrot hat er sie mit seinen warmen und weichen Lippen ganz zart geküsst, wortlos, kommentarlos. Nur um unmittelbar danach die letzte Abendrunde auf dem Hof zu drehen, zu prüfen, ob die Hühnerklappe geschlossen ist und das Kalb gefressen hat. Dabei hat er ein Lied gepfiffen und so konnte sie ihn auf dem Hof zwar nicht sehen, aber hören. Sie konnte vernehmen, dass es ihm leicht ums Herz war und sie wusste um seine Liebe, auch wenn er kreuz und quer über den Hof lief und verantwortungsbewusst seinen Arbeitstag beendete.

Sie träumt, wie er ihr ganz langsam beim Auskleiden hilft und ihr die Haarbürste holt, damit sie am Abend die offenen Haare durchkämmen kann. Dabei schaut er ihr zu und verwöhnt sie mit netten Worten. Sie träumt, wie der Abend einfach nur die Fortsetzung der Liebe im Alltag ist, bestückt mit den beiderseitigen Aufmerksamkeiten, Geschenken der Anerkennung und des Wohlgefühls. Ihr Körper wird dadurch den ganzen Tag am Simmern gehalten, ähnlich wie ein mit Wasser gefüllter Topf, der den ganzen Tag auf dem Feuer steht. Ihre körperliche Liebe wird nicht durch angestaute Aggression genährt, die sich am Abend schnell und gewaltvoll eine Entlastung sucht. Hier ist es so, dass beide es verstehen, den Topf auf dem Herd den ganzen Tag durch kleine Gesten am Köcheln zu halten.

Sie träumt, wie ihr Körper einfach nur bereit ist für die Liebe, denn sie ist Liebe. Sie ist jederzeit (für ihn) da. Sie träumt, wie Hermann nicht in Sorge oder Stress sein muss, dass er etwas Wesentliches von ihr nicht bekommen wird, denn das Wesentliche ist einfach da. Durch das kleine Stück Holz für das Feuer ist der Topf immer gerade so heiß, dass er jeden Moment überkochen könnte. Sie träumt, wie er sich zu ihr legt und keine Eile hat, in sie einzudringen, denn sie lieben sich bei Tag und auch in der Nacht. Die kleinen Holzstücke, die den Feuertopf am Köcheln halten, sind überall verteilt.

Sie träumt, wie die Liebe zwischen den beiden so allgegenwärtig ist, dass die körperliche Liebe eine Art Krönung ist. Sie träumt, wie er es jede Nacht vermag, das bisschen harte Schale, die der Alltag in ihr anlegt, zu durchdringen und zum Schmelzen zu bringen. Sein gesamter Körper und sein liebevoller Penis sind die Werkzeuge, die beider Kraftreserven immer wieder auftanken, die harten Schalen dünn und durchlässig halten. Dafür schenkt sie ihm Liebe. Das Geben und Nehmen wird mühelos. Sie kann Liebe machen und sich damit immer wieder aufladen, sie darf Liebe sein. Sie träumt, wie diese Welt ein besserer Ort sein kann, einzig und allein durch das Liebemachen und Liebesein. Sie träumt, wie ein Kind in ihr heranwächst, das keine harte Schale braucht, um zu überleben und zu funktionieren. Ein Kind, das den Duft der Liebe einsaugen und sich darin baden darf. Ein Kind, das von seiner Mutter lernt, wie wichtig ein innerer Sonntag ist, möglichst jeden Tag.

In Verbindung SEIN (jenseits aller Rollen)
Erziehung und Lernen entfalten sich aus dem Unsichtbaren. Unsere Verantwortung als Frau und Mutter geht weit über unsere Rolle und Zeit hinaus.

Rosalie war für einige Tage ins Ausland geflogen. Es war eine geplante Städtereise. Das erste Mal, dass sie nach langen Jahren alleine, ohne die Kinder, unterwegs war. Für eine überschaubare Zeit am Morgen hatte sie ein festes Programm gebucht, und den größeren Teil des Tages vertrödelte sie in der geschäftigen Stadt, ließ sich treiben von jedem Moment zum nächsten. Gleich am dritten Nachmittag in der Metropole war sie verwundert. Als sie ohne Plan durch die Stadt schlenderte und gerade überlegte, ob sie einen Teeshop besuchen sollte, nahm sie all die Polizisten in Uniform wahr. Es herrschte eine rege Betriebsamkeit, und die Menschen bewegten sich, ganz im Gegensatz zu ihr, zielstrebig in eine bestimmte Richtung.

Inzwischen war sie schon neugierig geworden und fragte an der nächsten Ecke einen pakistanischen Straßenverkäufer, der auf einem Hochstuhl sitzend Lose verkaufte. „Warum ist heute so viel los in der Stadt? Wohin gehen die Menschen?" „Wissen Sie denn nicht?", antwortete er in einem lustigen Akzent. „Heute ist eine Parade in der Nähe des Palastes. Die Königsfamilie wird da sein. Die Menschen strömen herbei, um die besten Plätze in der ersten Reihe zu bekommen. Sie wollen alle möglichst nah ran, um einmal die Gelegenheit zu haben, die Herrschaften aus nächster Nähe zu sehen." Rosalie bedankte sich für die Information und schlenderte weiter. Inzwischen fühlte sie sich ein wenig infiziert von der zielstrebigen Menschenmenge. Die ganze Geschäftigkeit machte es ihr unmöglich, den Vor-sich-hin-Gammel-Modus aufrecht zu erhalten. Sie fragte sich, ob sie sich in den Strom einfügen und in die Masse der Leute einkneten lassen sollte. Im Moment war es fast undenkbar, sich diesem kraftvollen Sog zu entziehen und eigene Wege zu gehen.

Sie entschloss sich, in aller Ruhe eine Tasse Tee zu trinken und sich mit der

Entscheidung Zeit zu lassen. Ihre Entscheidungsprozesse liefen häufig in dieser Art ab. Sie musste ihre drängenden Fragen einige Male innerlich von links nach rechts schippen. Hatte sie den Gedanken oft genug hin- und herbewegt, war es ihr möglich, genau in die Richtung zu gehen, die für sie stimmig war. Sie verließ den Teeshop und ließ sich weitertreiben. Zunächst ging sie – anders als die Menge – mal nach rechts, noch mal nach rechts, wieder geradeaus und wieder rechts und fand sich dann entgegen ihrer eigentlichen Planung gefangen vor einem Absperrgitter wieder. Durch einen Zufall war sie genau dort gelandet, wo sie zuvor nicht hinwollte. Etwas irritiert stand sie nun da.

Die Minuten verstrichen, und sie fühlte sich in der Menge gefangen. Sie verspürte dieses beklemmende Gefühl, das ihren Brustkorb arretierte. Ihr Körper fühlte sich starr an, sie hatte den Eindruck, dass sie sich unter einer Glocke befand. Sie gehörte nicht an diese Stelle, aber ihr Körper war unfähig, sich in Bewegung zu setzen. Ehe sie sich versehen konnte, raunte die Menge, die Kinder hatten Fähnchen in der Hand und die Menschenmenge jubelte. In nur etwa 20 Metern Entfernung öffnete sich ein prunkvolles Eisentor. Dahinter konnte sie mitten in der Stadt etwas Wiese, ein paar Bäume und Büsche erkennen. Der Blick in das Grün sowie der vertraute Anblick einiger Büsche und Bäume gaben ihr für Sekunden einen Anker und ein Sicherheit spendendes Wohlgefühl.

Heraus traten aus dem Tor die Königin, der Prinz, Lady Ariane und ihre zwei Kinder. Gefolgt von ernsthaft dreinblickenden Sicherheitsbeamten. Rosalie war nun starr vor Erstaunen. Nachdem die königliche Familie der jubelnden Menge für einige Minuten zugewinkt hatte, setzte sie sich auf die Stühle, die eigens für diesen Anlass an diesem Platz aufgestellt waren. Ein seltsames Bild, dachte Rosalie. Die ganze Situation hatte etwas Skurriles.

Wie in Trance stand Rosalie da, um sie herum das tobende und jubelnde Chaos, sie selbst gefangen in ihrer eigenen Starre, umgeben von viel zu vielen Menschen. Mit ihren Augen suchte sie Sicherheit im Grün, das sie hinter der sitzenden Königsfamilie wusste. Sie reckte ihren Hals, trat dabei etwas auf die Zehenspitzen, dann vom linken auf den rechten Fuß und wieder zurück. Der Mann mit Hut vor ihr war einfach zu groß. Ihr gegenüber war ebenfalls eine Person, die in der Menschenmenge nach Sicherheit und Unterstützung suchte, nach diesem einen Fixpunkt, der ihr in diesem Tumult Halt geben könnte: Lady Ariane. Sie hatte keinen guten Start in den Tag gehabt. Gleich am Morgen hatte es Streit gegeben. Sie hatte ihren Unmut zum Ausdruck gebracht, dass ihre Pflichten und der Druck, den die Presse auf sie ausübte, ihr zu viel waren. Auch fragte sie sich, welche Wirkung dieses Repräsentieren schon in jungen Jahren auf ihre Kinder haben wird. Sie hätte sie so gerne davor bewahrt. Sie wusste um die Kräfte von Menschenmengen und deren nicht immer positive Wirkung. Auch wäre sie lieber im Bett geblieben und hätte mit den Jungs die Kissenschlacht fortgeführt. Sie hätte gerne den ganzen Tag im Gammellook verbracht, ungewaschen und ungekämmt. Hätte gerne barfuß in der Küche gesessen, tolle Musik im Hintergrund gehabt und dabei den Frauenroman fertiggelesen, den sie schon vor vier Wochen angefangen hatte.

Die Blicke beider Frauen trafen sich etwa in der Mitte der Straße. Jede suchte auf der jeweils anderen Seite Sicherheit und Wohlwollen. Jede fühlte sich an ihrer Stelle verloren, suchte Stärke und Sicherheit – da drüben, auf der gegenüberliegenden Seite. Durch den zufällig entstandenen Augenkontakt waren sie nun miteinander verbunden. Rosalie bemerkte diese liebevolle Anziehung in Arianes Augen. Schaute sie wirklich sie an? Sie wurden beide in eine Art Zeitblase gezogen und konnten trotz der Entfernung von etwa 20 Metern wortlos miteinander kommunizieren. Die Blase gab nur ihnen beiden diese Ausdehnung an Raum und Zeit. Alle anderen Menschen um sie herum waren von diesem Vorgang ausgeschlossen. Die beiden Frauen hielten sich für diesen eigenwilligen Moment in einer Art Paralleluniversum auf. Solange sie den Augenkontakt hielten, gingen seltsame Dinge in ihnen vor. Man könnte es am anschaulichsten mit einer Art ‚Download' vergleichen, der simultan bei beiden Frauen geschah. Der direkte Augenkontakt war der auslösende Befehl, der folgende Information an beide Frauen versendete:

Du bist eine Frau und damit zu 100 % Liebe. Vergiss das nicht. Deine Stärke und deine Kraft sind unmittelbar und greifbar. Du findest sie weder in der lauten Welt und den Massenbewegungen, noch in Büchern und Diplomen. Auch nicht in den Wissenschaften und Technologien. Die weibliche Macht ist verschüttet und unterdrückt. Deine Sinne und dein Körper sind der unmittelbare Eingang. *Du bist Liebe, erobere sie zurück! Gib deinen Kindern immer wieder die Gelegenheit, sich an die Natur der Dinge zu erinnern. Lass das Leben und die Natur die Grundlage für ihr Lernen sein. Deine Aufgabe ist es, die Kinder beständig durch deine liebevolle Impulse und Anregungen der Welt, die sich ihnen so ungefragt aufdrängt, zu entziehen. Auf dass sie langsam in dieser turbulenten Zeit ihre Wurzeln schlagen können. Bewerte sie dabei nicht. Übertreibe nicht. Sei einfach präsent.*

Gib, gib und gib, sodass sich über die Zeit ein Abdruck deiner Seinsweise in ihnen bilden kann. Ganz langsam werden die Blaupausen der weiblichen Stärke wieder aktiviert. Du, Mutter, spielst eine unverzichtbare Rolle darin. Du findest wieder zu deiner Kraft und erwachst aus dem Dornröschenschlaf. Damit gibst du den Kindern eine notwendige Grundlage, um sich ausgewogen entwickeln und entfalten zu können. Sie brauchen dich. Ganze Generationen hängen von deiner Bewusstheit ab. Dein Wissen, deine Weisheit und vor allem deine Stärke zählen.

Der große Mann mit dem Hut hatte sich umgedreht. Er stand im Weg. Damit war der Augenkontakt für Sekunden unterbrochen. Der direkte Draht zur Prinzessin und zum Informationsfluss war abgeschnitten. Wieder stieg Rosalie auf die Zehenspitzen, reckte sich und suchte die Augen von Lady Ariane. Diese hatte sich in dieser Sekunde erhoben, gab ihren Jungs mit einer Geste zu verstehen, dass sie ihr folgen sollten. Die Jungs schienen hin- und hergerissen. Ihre Körper nach vorne gerichtet, um der Anziehung der Massen nachzugeben. Sie hatten Angst, etwas dem strengen Protokoll gemäß falsch zu machen.

Die Anziehung der Welt, das laute Geschrei der Menschheit waren so groß, dass der starken Mutter und Frau keine andere Chance blieb, als folgendermaßen zu handeln: Schon vor geraumer Zeit hätte Lady Ariane zur Toilette gemusst. Doch dieses menschliche Bedürfnis hatte keine Bedeutung im Protokoll der Parade. Mit eiligem, aber bewusstem Schritt kehrte sie den Massen den Rücken zu. Zielstrebig bewegte sie sich hin zu diesem Gebüsch. Sie musste so dringend, dass man sie kurz vor dem Gebüsch von einem auf den anderen Fuß hin- und hertrappeln sah. Während sie zwischen den Büschen verschwand, sah man kurz, wie sie sich bückte, um die Unterwäsche nach unten zu streifen. Ihre Jungs kannten die Mutter, sie wussten, was jetzt geschehen würde, und sprangen im letzten Moment auf. Sie liefen ihrer Mutter hinterher und standen zwischen Gebüsch und Menschenmenge, waren die einzigen, die einen kurzen Blick auf ihren Po erhaschen konnten. Gegenseitig schauten sie sich an, mussten lachen. Typisch. Mal wieder hatte Mutter ihnen die Gelegenheit gegeben, das Protokoll zu sprengen und Mensch zu sein. Je größer die Anziehung der unbewussten Masse, desto kraftvoller musste ihre Intervention sein. Ariane wusste um ihre Stärke und deren Einsatz.

Für die Folgen ihres ungebührlichen Verhaltens würde sie sich noch am selben Abend verantworten müssen. Der Druck würde groß sein. Man hatte ihr schon oft gedroht, ihr im Namen der Krone die Verantwortung für die Kinder zu entziehen. Doch als Frau und Mutter hatte sie einen guten Dienst getan. Sie hatte ihren Jungs eine Lektion erteilt, wie sie den eigenen Bedürfnissen des Körpers lauschen und die Prioritäten im Leben setzen können. Nah an der Natur der Dinge.

Als Rosalie von der Reise wieder zu Hause ankam, war sie eine andere Frau. Das sehr persönliche Erlebnis mit Lady Ariane und das Beispiel einer mutigen Frau hatten sie für alle Zeit geprägt. Fortan sah sie ihre Aufgabe darin, eine gute Blaupause für ihre Kinder zu sein. Alles andere würde das Leben regeln. Seither hatte sie gelernt, genau darauf zu vertrauen.

Die Liebe wandelt (dich) wundersam
Liebe bewegt uns und sucht sich kaum je vorstellbare Wege. Es gilt diesen Spuren zu folgen, sind sie auch noch so ungewöhnlich.

Mit einem eigenwilligen, langgezogenen Knarzen fiel die schwere Eichentür hinter ihr ins Schloss. Vor Schwester Teresa tat sich ein Weg auf, den keine ihrer Schwestern im Kloster je für möglich gehalten hatte. Am wenigsten sie selbst. Seit ihrer frühen Jugend war dies ihre Heimat und ihre Familie gewesen. Nun war sie 32 Jahre alt und das ehrwürdige Kloster sollte für sie ein für alle Mal verschlossen bleiben. Einzig und allein ihre Selbstdisziplin gab ihr Kraft, einen Fuß vor den anderen zu setzen, bis sie in nur wenigen Kilometern Entfernung die Bushaltestelle erreicht hatte.

Dort saß sie auf dem Bänkchen und wartete vergebens auf den Bus. Niemand konnte ihr mehr ihre Vergangenheit ansehen. Sie trug einen etwas aus der Mode gekommenen knöchellangen Rock, dazu bunte Turnschuhe, die eine Schwester für sie auf einem Basar erworben hatte, sowie eine hellblaue Regenjacke. In ihrer Hand eine alte Lederreisetasche, deren Reißverschluss klemmte. Nachdem sie eine gute Stunde auf den Bus gewartet hatte, machte sie sich zu Fuß auf den Weg. Alles war leichter als das Gefühl, sich nicht aktiv in die neue Zukunft bewegen zu können. Nachdem sie weitere drei Kilometer der Straße gefolgt war, wurden ihre Arme schwer, und das Wechseln der Tasche von der linken zur rechten Hand brachte keine Erleichterung mehr.

Von hinten kam ein Motorrad, dessen lautes, tiefes Motorengeräusch sie aus dem Gedankenkino riss. Darauf saß ein Mann. In sicherem Abstand hielt er neben ihr und lächelte sie mit seinen grünen Augen freundlich an. „Kann ich helfen?", fragte er und schaltete seine Maschine ab – ganz, als ob er sich einen Moment Zeit nehmen wollte. Sie war unsicher. Das freundliche Lächeln, das Piercing in den Augenbrauen, die nette Stimme, dazu die kräftigen Oberarme, Tattoos, die Sonnenbrille und die Lederhose brachten sie in Verlegenheit. Sie hatte keine rechten Parameter, die ihr die gewohnte Selbstsicherheit und Orientierung hätten geben können. Sie sagte, dass sie in die nächste Stadt wollte, aber der Bus nicht gekommen sei. „Ich kann dich mitnehmen", sagte er ohne Zögern. Ihre Arme waren schwer, bis zur nächsten Stadt waren es viele Kilometer, und so willigte sie ein.

Verlegen stand sie da und wusste nicht recht, wie man eine so große Maschine mit einer Tasche in der Hand besteigen sollte. Er freute sich, nahm ihr mit fragender Geste die Tasche aus der Hand und deutete ihr an, sie möge sich beim Aufsteigen an seiner Schulter festhalten. Flink war sie aufgestiegen und hatte sorgsam den widerspenstigen Rock unter ihrem Po sortiert. Der Mann, der sich als Fred vorgestellt hatte, justierte die Tasche vor sich auf dem Tank und fixierte sie mit seinen Unterarmen. „Los geht's, festhalten!", rief er laut, um den startenden Motor zu übertönen. Sehr bedacht und achtsam fuhr er los. Etwas schüchtern umfasste Teresa seinen Körper. Nachdem ihre Verlegenheit nachgelassen hatte, entspannte sie sich zusehends und begann die Fahrt sogar zu genießen. Nie hätte sie gedacht, dass der Geruch von Motorenöl, Leder und Männlichkeit ihr ein solches Wohlgefühl bereiten würden. Die widerspenstigen Haarsträhnen und das neu gewonnene Freiheitsgefühl waren ein sicheres Zeichen dafür, dass sie auf dem richtigen Weg war.

Nur das Leben selbst kann dergleichen schräge Geschichten schreiben. Es war das Ende eines von Disziplin, Selbstverpflichtung, Innenschau, Arbeit und der Suche nach Wahrheit getriebenen Lebensabschnittes. Teresas Begegnung mit Fred – dem Mann aus Fleisch und Blut mit Benzingeruch, der die nächste Liebe in ihrem Leben werden sollte. Sie hatte fast zwei Jahrzehnte im Kloster verbracht und auf diese Weise den Innenraum ihres Körpers für ein ganz spezielles Abenteuer vorbereitet. Tag für Tag sowie Gebet für Gebet hatte sie einen notwendigen Spannungsbogen zwischen ihrem Geist und ihrem weiblichen Geschlecht aufzubauen versucht. Den Urgrund zur Weiblichkeit wollte sie finden. Der Bogen hatte sich über all die Jahre nicht recht spannen lassen, denn das untere Ende des Bogens, ihre Vagina und ihre Gebärmutter, wollten den Spannungsaufbau nicht recht zulassen. In letzter Konsequenz war es ihr nicht möglich gewesen, zu der inneren Stärke zu finden, die sie spürte. Zu sehr hatte sie sich gequält, ihre geistige Bildung vorangetrieben, ihre Verpflichtungen erfüllt. Doch irgendetwas hatte an ihr gerüttelt, hatte ihr sorgsam gegebenes Gelübde unterspült.

Die Suche nach Gott hatte sie ins Kloster gebracht, hatte ihr ein Versprechen abgenommen, und die Suche nach Gott hatte sie aus dem Kloster geschickt, hatte von ihr verlangt, ein Versprechen zu brechen. Das alles, um ihrer eigenen, inneren Wahrheit zu folgen. Ihre Zeit im Kloster sollte ein Ende haben, denn der Bogen zwischen Geist und gelebter Weiblichkeit wollte gespannt werden. Das war der innere Drang, den sie nicht länger zu ignorieren vermochte. Unmöglich, das in diesen ehrwürdigen Wänden zu tun, undenkbar, dort im Unterleib einen starken Gegenpol aufzubauen, unaussprechlich, wie schmerzlich diese Wahrheit an ihr gezerrt hatte. Nach etwa vier Jahren der inneren Prüfung hatte dieser etwas halbseidene Versuch, den Bogen zwischen Kopf und Unterleib kraftvoll aufzuspannen, geendet mit dem Geräusch einer ins Schloss fallenden Eichentür.

*

Die Hebamme hatte soeben sorgsam das kleine blaue Heftchen geschlossen. Die letzten Eintragungen in Teresas Mutterpass mit freudigen Augen überflogen. Dann hatte sie das gelbe Heftchen zur Hand genommen. Es war für die Hebamme ein bewusstes Ritual geworden. Das blaue Heftchen mit dem Ende der Schwangerschaft zu schließen und das gelbe Heftchen als erste amtliche Handlung nach der Geburt eines kleinen Wesens zu öffnen. Sie hatte ‚Elisabeth' als Namen eingetragen. 4:57 Uhr für die Uhrzeit der Geburt. Das Gewicht hatte sie noch nicht festgestellt, denn die Kleine lag an Mutters Brust. Die Hebamme hatte sich dezent zurückgezogen, um die junge Familie in den ersten, heiligen Minuten ganz sich selbst zu überlassen.

Fred hatte sich zu den beiden gelegt. Seinen Kopf auf einem Kissen auf Schulterhöhe, sodass er die kleine Elisabeth aus der Nähe beobachten konnte. Während er ihre Atemgeräusche wahrnahm, stieg der unbeschreibliche Duft von ‚neugeboren' in seine Nase, verteilte sich gleichsam in seinem gesamten Nervensystem. Sie ‚essenzte' sich unmittelbar in sein Herz hinein. Dabei hielt er Teresas Hand fest in seiner, seine Gedanken hin- und hergerissen zwischen der Bewunderung für seine Tochter und den Gedanken an das unbeschreibliche

Erlebnis der vergangenen Stunden, an die tiefe Naturverbundenheit und Kraft seiner Frau.

*

Was mochte in diesem neugeborenen Mädchen vorgehen? Elisabeths Zeit im Mutterleib war vorbei. Das noch stete, leise Pulsieren der Nabelschnur war ihre letzte Rückverbindung in eine Welt, die sich nun langsam verschließen würde. Der versiegende Puls der Plazenta gab ihr Kraft und Sicherheit für den Start in eine neue Welt. Ganz sanft schloss sich die Tür von einem grenzenlosen Dasein hin zu einem Leben in den Begrenzungen eines Körpers. Der Abschied fiel ihr schwer. Ein Grund, einige Minuten weinen zu müssen. Nicht laut und verzweifelt, aber durchaus schmerzlich und bestimmt.

Es war Elisabeth nicht leicht gefallen, diesen sicheren Ort zu verlassen. Diesen zu eng gewordenen Raum, der das Schweben zwischen den Sternen ermöglichte. Die sichere Verbindung zum Blutstrom der Mutter und damit der direkte Draht zur Bedürfnislosigkeit und Weite, zur ‚Allzeit-Rundumversorgung' hatte ein Ende bekommen. Elisabeth war, schon lange bevor sie überhaupt gezeugt wurde, auf der Suche nach den richtigen Eltern für sich gewesen. Sie wollte Eltern, die das ‚Männliche' und ‚Weibliche' verkörperten. Sie wollte die Erfahrung machen, in eine bewusste Familie geboren zu werden. Und genau das hatte sie in ihrem Vater, dem tätowierten und gepiercten Motorradfahrer, gefunden. Für sie verkörperte er Kraft, Größe und Intelligenz. Seine problematische Biografie hatte ihm Beständigkeit gegeben und ihn über all die schwierigen Jahre gelehrt, eine unverfälschte Würde auszustrahlen.

Teresa hatte sie gewählt, weil sie als Gegengewicht zu Fred eine besondere Zartheit besaß, in Kombination mit einer kaum zu beschreibenden inneren Stärke. Teresa strahlte Schönheit aus und hatte sich durch all die Jahre im Kloster eine gewisse Reinheit zurückerobert. Sie hatte eine gebende und großzügige Ader und war nicht so schnell aufzubringen. Elisabeth mochte die bedachte Art, wie die beiden sich aufeinander zubewegten. Vom ersten Moment auf dem Motorrad an war Elisabeth schon dabei. Es sollte zwei Jahre dauern bis zu dem Tag, an dem in ihrem Dasein ein blaues Heftchen geschlossen und ein gelbes Heftchen geöffnet wurde.

*

Für Teresa war es ein weiter Weg gewesen, ihre Prägungen zu verlassen und ihren Körper als Frau in einer neuen Form zu erfahren, zu genießen. Jede Körperzelle war bis zur Begegnung mit Fred von dem Gedanken durchsetzt, dass der Mensch in Sünde gezeugt und in Sünde geboren wird. Gerade diese Prägung stand ihr so sehr im Weg, dass Fred eine Menge Geduld aufbringen und ihr mit seiner liebevollen Beständigkeit helfen musste, diese Fehlinformationen und Verletzungen zu heilen. Weil er sie so sehr mochte und sich so unendlich wohl in ihrer Gegenwart fühlte, verwandelte Teresa durch ihre Art wiederum Fred. Fred lernte, sie mit Bedacht und Achtsamkeit zu lieben. Durch ihre unverwechselbare Biografie und tiefgründige Art half sie ihm, ein besserer Mann zu werden.

Beide hatten sich direkt bei ihrer ersten Begegnung auf den Weg gemacht, sich durch die Liebe zu verwandeln. Elisabeth hatte genau das als Erfahrung gesucht. Sie wollte in diesem Feld baden. Wohlwollen erfahren. Sie mochte es erleben, wie es ist, wenn Eltern der Liebe verpflichtet sind, sich auf den Weg machen und dem folgen, was für jeden Moment wahr ist.

Da war sie nun.

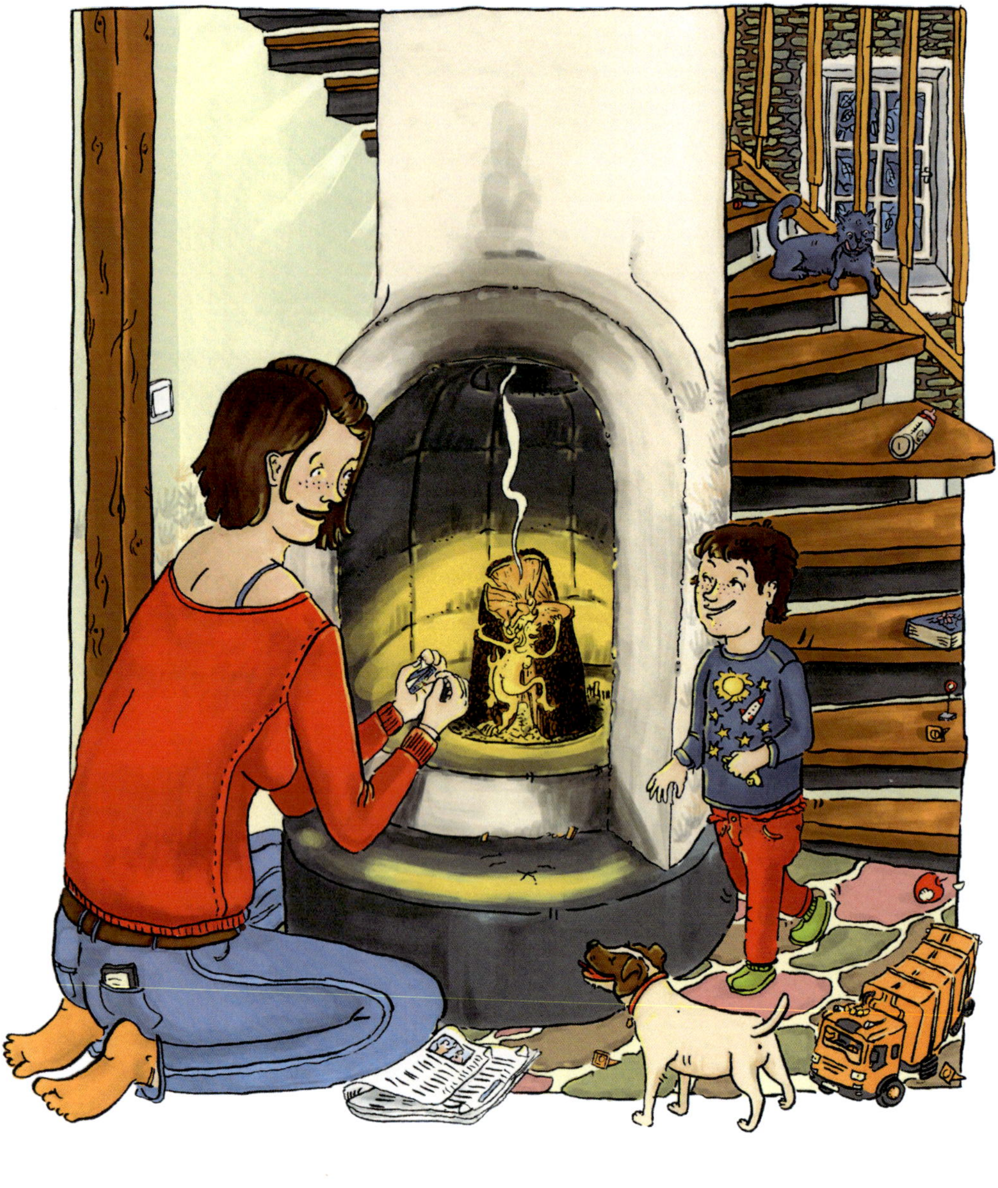

Feuer und Flamme (für das Wesen der Kinder)

Erziehung und Lernen trennen uns und unsere Kinder heutzutage von unserem innersten Kern. Doch da ist etwas, was es unter allen Umständen zu erhalten gilt.

Ute kniete vor dem offenen Kamin. Sie hatte soeben wieder ein Streichholz abgeknickt. Seit Minuten versuchte sie, das Feuer anzuzünden. Es wollte nicht so recht gelingen. Der offene Kamin lag im Zentrum des alten Hauses, und um ihn herum schmiegte sich eine Wendeltreppe, die bis hinauf in den dritten Stock führte. Es war ein typischer Tag in der Übergangszeit: noch zu warm, um die Zentralheizung in Gang zu setzen, aber deutlich zu kühl, um sich wohlfühlen zu können. Ute hatte schnell den Kamin anmachen wollen, hatte sich aber nicht die Zeit genommen, um draußen im Schuppen ein wenig kleines Holz zu suchen und das Ganze mit zerknülltem Papier ordentlich aufzustapeln. Sie wollte zackzack machen. Du kennst das vielleicht? Nach unzähligen Versuchen war die Streichholzschachtel bald am Ende.

Da kam ihr jüngster Sohn die Treppe hinab. Er war in dem Alter, in dem die Kinder immer mit demselben Fuß voran die Treppenstufen meistern. Es war ihm noch nicht möglich, abwechselnd einen Fuß vor den anderen zu setzen, sodass die Bewegung des Kleinkindes auf der Treppe einen eigenwilligen Klick-Klock-Rhythmus erzeugte. Mit seinem Händchen suchte der kleine Robert auf der Innenseite der Treppe den Kontakt zur Wand, sodass der weiße Putz auf Händchen-Höhe schmuddelige Spuren aufzeigte. Ute liebte diese eigenwillige Verschmutzung, diese entstandene Lebenskunst ihrer Kinder. Die Handabdrücke der Kleinsten waren wie Fußspuren im Sand.

Beim Hinunterlaufen warf Robert einen beiläufigen Blick in den Kamin. Er sah die kleine Flamme, die sich ein wenig quälte, ging aber wie selbstverständlich weiter in Richtung Küche. Ganz geschäftig auf seinem Weg bemerkte er: „Mama, das Feuer hat gesagt, dass es kleines Holz braucht!" Ute konnte nicht glauben, was sie da gehört hatte. Robert hatte in seinem Leben noch kein Feuer angezündet, keine Erfahrung gesammelt, wie man ein Feuer anzündet und in Gang hält. Was Ute aus der Fassung brachte, waren die Beiläufigkeit, die Richtigkeit und die klare und trockene Art, in der ihr Sohn die Botschaft des Feuers überbrachte. Sie war in diesen Sekunden fest davon überzeugt, dass Robert im unmittelbaren Austausch mit dem Feuer stand. Es gab für sie keine andere Erklärung. Seine Worte „Mama, das Feuer hat gesagt, dass es kleines Holz braucht" waren ein klares Zeichen, dass er eine Nachricht erhalten hatte, die es zu übermitteln galt. Ungewöhnlich für ein Kleinkind, Botschaften zu übermitteln.

Nachdem sie schnell einige kleine Holzstücke im Schuppen zusammengesammelt hatte, hockte sie sich erneut vor den Kamin. Nun nahm sie sich die Zeit, um kleines Holz und etwas Papier so zu arrangieren, dass das Feuer eine Chance hatte. Einmal, zweimal leicht pusten. Dann brannte es. Das Feuer hatte bekommen, was es brauchte. Es nahm sich langsam der größeren Holzstücke an. Mit steigendem Appetit fragte das Feuer nach mehr und mehr Holz, um sich selbst zu erhalten und an Bedeutung und Charisma zu gewinnen. Inzwischen hatten sich die Flammen bedeutsam ausgebreitet und Ute in ihren Bann gezogen: „Es geht doch nichts über den Blick in ein knisterndes, wärmendes Feuer, dessen besonderer Geruch dich tiefer mit deinen Wurzeln verbindet", dachte sie. Vor einigen Jahren hatte eine weise, alte Frau sie darauf aufmerksam gemacht, dass es für sie als mitteleuropäische Frau außerordentlich wichtig wäre, wenn sie lernte, Feuer zu schlagen wie ihre Ahninnen. Sie sollte sich einen Feuerstein besorgen und einen Zunderpilz, hatte die Alte gesagt.

Genau das hatte Ute an diesem Tag nicht getan. Sie hatte sich nicht die Zeit für Vorbereitungen genommen, sie wollte eben schnell das Feuer überlisten. Sie war nicht bereit gewesen, ihm das zu geben, was es brauchte. Sie wollte die moderne Frau sein, die ein Streichholz zur Hand nimmt und „Zack!" das Feuer erzwingt. Jetzt erinnerte sich Ute an die Zeit, als sie von einem jungen Schmied gelernt hatte, wie man den Zunder und den Feuerstein benutzt. Es war eine ebenso eigenwillige Begegnung gewesen wie die mit der Alten. Der Schmied, der Zunder, das Feuer und der Stein. Ute schaute in ihren Kamin, und das Feuer offenbarte sein Wissen nun auch ihr. Sie lauschte und hörte es sagen:

Viele kleine Kinder sind noch eng mit dem Raum verbunden, aus dem sie unlängst gekommen sind. Ihr kleiner Verstand bewertet und verurteilt ihre Gaben noch nicht. Sie können noch mit dem Feuer, dem Wind, dem Wasser oder der Erde reden. Es mag auch sein, dass sie die Tiere noch verstehen und auf ihre Weise eine besondere Beziehung zum Tierreich haben. Manche Kinder haben unsichtbare Freunde, die für sie sehr real und wichtig sind. Erinnere dich! Auch du konntest mit mir reden, bis deine Umgebung und du dir selbst glaubhaft erklärt haben, dass das nicht wahr sein kann.

Achte die Welt der Kinder! Achte ihre Fähigkeiten, Zwerge zu sehen oder Gespräche in anderen Sprachen zu führen. Erhalte den Kindern ihre mystische Welt, denn sie sind dieser Welt noch sehr nah und sollten diese nicht gestohlen bekommen. So wie so mancher Mensch ihnen unsensibel oder achtlos den Daumen zum Lutschen nehmen möchte, der für sie eine Brücke in eine andere Welt ist. Das Daumenlutschen hilft ihnen, sich rückzuverbinden mit etwas ganz Großem, dem sie unlängst entschlüpft sind. Erhalte den Kindern ihren Rückzug und ihre Verbundenheit mit dem Ort, von dem sie gerade gekommen sind. Unterziehe sie keiner vorschnellen Abnabelung von dem Reich, das Kindern Kraft gibt, bis sie sich selbst davon trennen. Achte die Welt der Kinder und hebe sie nicht voreilig in die Verstandeskraft.

Ein Stückchen Glut spritzte mit einem Feuerknall aus dem Kamin und landete unmittelbar vor Utes Füßen. Sie zuckte und war ein wenig erschrocken. So hatte das Gespräch mit dem Feuer ein jähes und unerwartetes Ende genommen. Ganz so, wie sie es gelernt hatte, bedankte sie sich beim Feuer. Für einen beliebigen Zuschauer hätte sie ausgesehen wie eine Frau, die ein Holzscheit ins Feuer legt. Für einen kundigen Menschen, der zwischen den Welten tanzen kann, wäre es ein Ausdruck der Verbundenheit mit einem Urelement und der tiefen Dankbarkeit gewesen.

Entscheide selbst, wie du die gewöhnlichsten Alltagsgesten lesen möchtest.

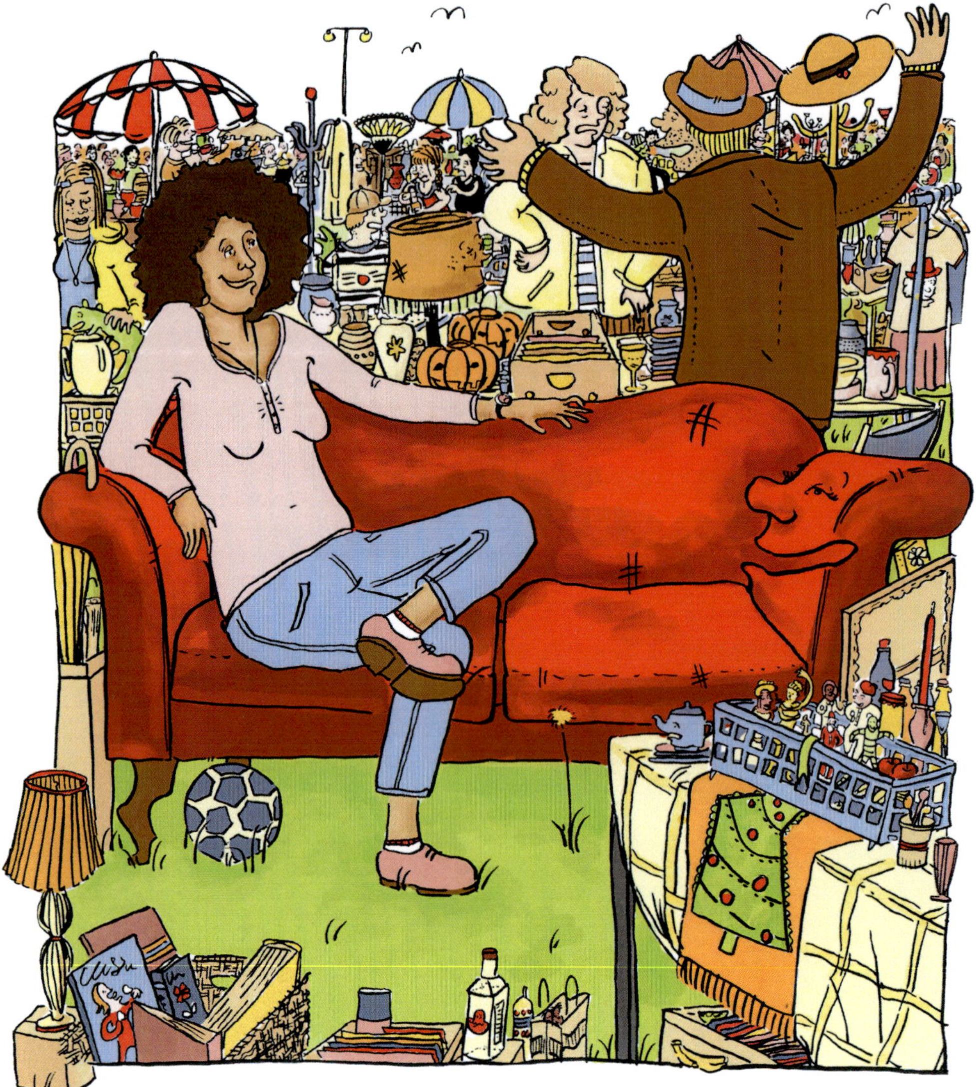

Couch und Weisheit (frei Haus)

Unser Körper ist der unmittelbare Eingang zu unserer Innenwelt. Nichts ist leichter, als diese Tatsache in Frage zu stellen oder zu ignorieren.

Sonja war schon seit einiger Zeit auf der Suche nach einer neuen Couch für die Wohnung. Sie wollte eine moderne, farblich passende Couch für das Wohnzimmer, dessen Grundton Orange bildete. Neunzehn Jahre Familienleben hatten ihrer Couch, die so viel Geschichte trug und Zeugin so vieler Familienereignisse war, ein Ende bereitet. Sie hatte bereits diverse Möbelläden besucht, aber die richtige Couch nicht gefunden. Daher war sie auch nicht auf der Suche, als sie am Wochenende mit einer Freundin über einen Flohmarkt schlenderte. Und gleich am zweiten Stand sah sie diese alte rote Couch. Der Samt war etwas abgenutzt, aber durchaus noch ansehnlich. Sonja setzte sich. Schon nach wenigen Sekunden hatte sie dieses deutliche Gefühl: „Meins!" Sie mochte dem Impuls nicht so recht Vertrauen schenken, sie war kein Mensch für schnelle Entscheidungen. So fragte sie den Verkäufer, ob er ihr die Couch für eine halbe Stunde reservieren könnte.

Ihr Nervensystem war wie gefangen in der Fragestellung, ob sie dieses Möbelstück nun kaufen sollte oder nicht. Sie wollte ja eine neue Couch. Doch diese hier war nicht neu! Der innere Dialog kam ihr vor wie ein künstlich heraufbeschworenes Streitgespräch, nur um sich nicht dem ersten starken Impuls hingeben zu müssen. Ihre Freundin, die anderen Stände, die tollen Auslagen, die Geräusche und Menschen tauchten im Hintergrund ab, während sie weiterschlenderten. Vordergründig führte Sonja ihr inneres Zwiegespräch, obwohl sie die Entscheidung im Grunde längst getroffen hatte. Sie würde im Wohnzimmer weitere rote Akzente setzen müssen, vielleicht auch ein wenig Rosa, um die Couch nicht als verlorenen Fremdkörper zu empfinden. Der Gedanke beflügelte sie. Längst war es notwendig geworden, andere Akzente für sich selbst zu setzen, Farbe und Vielfalt in ihr Leben zu lassen. Die Kinder wurden flügge.

Nachdem die Couch noch am selben Wochenende ihren Platz gefunden hatte, nahm Sonja einen neuen Schwamm und begann, mit heißem Wasser und etwas Schaum die Couch zu reinigen. Sie hatte die feste Vorstellung, dass dieses Ritual ihr die Couch erst richtig zu eigen machen würde. Es gab ihr Sicherheit, dass dieser Reinigungsprozess ‚Altes' und ihr nicht Bekanntes von der Couch wegwischen würde. Damit würde diese den makellosen Zustand „neu", das heißt ohne Vorgeschichte, ohne unliebsame Vorstellungen, erhalten. Dem Samt tat das Prozedere gut. Die Farbe hellte sich auf und das Rot bekam einen noch schöneren Farbton. Der eine oder andere kleine Fleck war nun verschwunden. Sie würde dem neuen Lieblingsstück ein paar Tage Zeit zum Trocknen geben und dann würde diese Couch wieder ein Teil von ihr und der Familie sein, genau wie die alte „gute Freundin" und Hüterin, eine Art Familienwohnsitz. Ihr Rückzugsort, ihr stiller Zeuge aller Befindlichkeiten, ein Ort für Ruhe, kranke Kinder, gute Gespräche und guten Sex.

Bis die Couch richtig trocken war, hatte Sonja immer wieder mit ihren Händen prüfend über den Samt gestrichen, die weiche Textur gefühlt und durch diese fast zärtlichen Gesten die Couch Stück für Stück heimgeholt. Als sie endlich durchgetrocknet war, saß Sonja erstmalig mit dem innigen Gefühl, „Eigentümerin" zu sein auf der roten Samtcouch. In der Hand einen Tee. Sie selbst mit einer nach innen geneigten Aufmerksamkeit, mit der sie ihr Empfinden danach abfragte, ob dies ein gutes Plätzchen sei. Ist diese Couch würdig, die nächsten Jahre ein Bestandteil ihres Haushaltes zu sein? Genau so, wie ein Kind es vermutlich tun würde, begann sie im Sitzen ein wenig zu hopsen. Zaghaft baute sie einen Rhythmus auf und lächelte dabei.

Plötzlich hörte sie ein lautes, freudiges Juchzen im Raum. Sie erschrak. Um ein Haar hätte sie den Tee verschüttet. Sie wendete ihren Blick suchend durch den Raum. Sie hatte soeben eine Frauenstimme gehört. Ganz in der Nähe. Doch da war niemand? „Weitermachen!", hörte sie die Stimme sagen. „Weitermachen, endlich freut sich mal jemand mit mir! Jippie!" Die Couch war es? Sie hätte schwören können, dass die Couch mit ihr sprach! Im selben Moment begann das Ding ihr Schwung zu geben. Die Couch sprach, jubelte und ließ sie hopsen. Ganz so, als ob sie auf einem Trampolin sitzen würde. Sonja war ernsthaft irritiert und zugleich amüsiert. War sie jetzt am Durchdrehen? War sie selbst es, die mit einer Couch redete, mit ihrer Couch? Der Zweifel am eigenen Verstand verlangsamte die unbekümmerte Bewegung und beendete das Hopsen. Nun saß sie still und lauschte. „Mach dir keine Sorgen, ich bin es nur, deine Couch! Alles in Ordnung. Denk dir nicht so viel dabei. Es ist völlig normal, ein Gespräch und vor allem ein wenig Freude mit einer Couch zu haben!" „Ja, klar", sagte Sonja mit ironischem Unterton, „natürlich, es ist völlig normal, sich mit einer Couch zu unterhalten, sowie mit dem eigenen Auto, dem Toaster und der elektrischen Zahnbürste. Ich mach mir keine Sorgen, ich überlege gerade so, wie viel neue Freunde ich in meinem Haus habe? Ich brauche mich nie mehr alleine zu fühlen. Ja, klar!"

„Weißt du", erwiderte die Couch, „ich habe etwa 110 Jahre in einer Psychotherapiepraxis in Wien verbracht. Mich kann nichts erschrecken. Ich hatte in dieser Zeit drei Besitzer aus verschiedenen psychologischen Richtungen. Mich umgibt eine Aura an freigegebener menschlicher Emotion. Ich habe so viele Tränen der Erleichterung, der Wut, der Ohnmacht und der Verzweiflung in mir aufgesaugt, dass ich über die Jahrzehnte wie aufgeladen wurde und heute mit dir sprechen kann. Ich habe so lange darauf gewartet, endlich in einer normalen Familie zu sein. Ich hatte den Psychokram so satt!" „Und da hast du dir ausgerechnet mich ausgesucht? Du willst in unserer Familie sein?", fragte Sonja ein wenig herausfordernd. „Ja", bestätigte die Couch kurz und selbstbewusst. „Ich will dich teilhaben lassen an allem, was ich gelernt habe. Ich möchte, dass du die Abkürzung nehmen und dir den ganzen anderen Mist ersparen kannst." Die Couch war einen kleinen Moment still und ergänzte: „Wenn ich darf?" „Hättest du dann nicht etwas früher kommen können? Vor einigen Jahren hätte ich dich verdammt gut gebrauchen können – dich mit deiner ‚Psycho-Couch-Expertise'!"

„Nein. Alles zu seiner Zeit", erwiderte die Couch, „alles geschieht im rechten Moment. Weißt du, die Sache mit dem Psychokram auf der Couch ist vorbei. Über kurz oder lang braucht man uns nicht mehr. Couches wie ich werden in absehbarer Zeit nicht mehr benötigt, wir werden zu Auslaufmodellen. Ich habe mir einfach einen neuen Job gesucht. Ich will mich mal als Couch neu erfahren, mein Bewusstsein erweitern, was Neues entdecken." „Also, was ist jetzt der

Deal zwischen uns beiden?", fragte Sonja, „Ich versteh dich nicht! Du willst ein normales Familienchaos erleben? Willst Freude erleben, Familienmitglieder zum Hopsen bringen? Und im Gegenzug darf ich von deinem Erfahrungsschatz profitieren? So etwa?" „Genau", sagte die Couch und gab Sonja einen leichten Schubser aus der Rückenlehne heraus. „Okay, dann fang mal an, mich teilhaben zu lassen an deiner Couchweisheit! Die Sache mit meiner Familie muss ich später klären", schnodderte Sonja.

„Nun gut", sagte die Couch. „Leg dich hin, streck die Beine aus und mach es dir bequem." Sonja folgte der Anweisung und platzierte sich mit einem leichten Kopfschütteln auf ihrer Couch. Ganz so, als ob sie noch immer an ihrem Verstand zweifelte. Doch im selben Moment spürte sie eine leichte Aufregung und dieses Gänsehaut-Feeling, das sie immer hatte, wenn sich für sie bedeutsame Dinge einstellten. „Spür deinen Körper und schließ deine Augen", sprach die Couch. „Spüre, welchen Kontakt dein Körper mit mir hat. An welchen Stellen liegt er auf? Wie strömt dein Atem aus dem Körper aus und ein? Spürst du ein leichtes Kribbeln in deinem Gesicht, in deinen Händen? Wo in deinem Körper kannst du dieses Kribbeln sonst noch spüren? Dein Körper ist der Eingang. Nichts kann geschehen, wo dein Körper nicht ist. Übe dies. Verbinde dich immer und immer wieder mit deinem Körper. Das ist der Anfang. Sei da im Hier und Jetzt. Die Zeiten, in denen die Vergangenheit aufgearbeitet und entlastet sein will, neigen sich dem Ende zu. Übe immer wieder, dich mit dem gegenwärtigen Moment zu verbinden und das ‚Jetzt' willkommen zu heißen.

Öffne langsam deine Augen, aber halte deine Aufmerksamkeit nach innen gerichtet, ganz so, wie du es vor einigen Minuten getan hast, als du dich mit deinem Tee auf mich gesetzt hast. Außen und innen: Wenn du lernst, beides gleichzeitig wahrzunehmen, wirst du inneren Frieden finden. Beginne noch heute damit. Du wirst sehen, es ist ganz einfach. Aber tue es! Spüre dich! Fang endlich wieder an damit ...!" Sonja fühlte sich zufrieden, diese wenigen Minuten hatten ihr gutgetan. Es war so anders als ihre bisherigen Erfahrungen des Ausruhens gewesen. Das hatte sie eben noch bemerkt, als sie sich sagen hörte: „Ja, aber ...!?" Die Couch fiel ihr unmittelbar ins Wort und sagte wohlwollend: „Ich weiß ..."

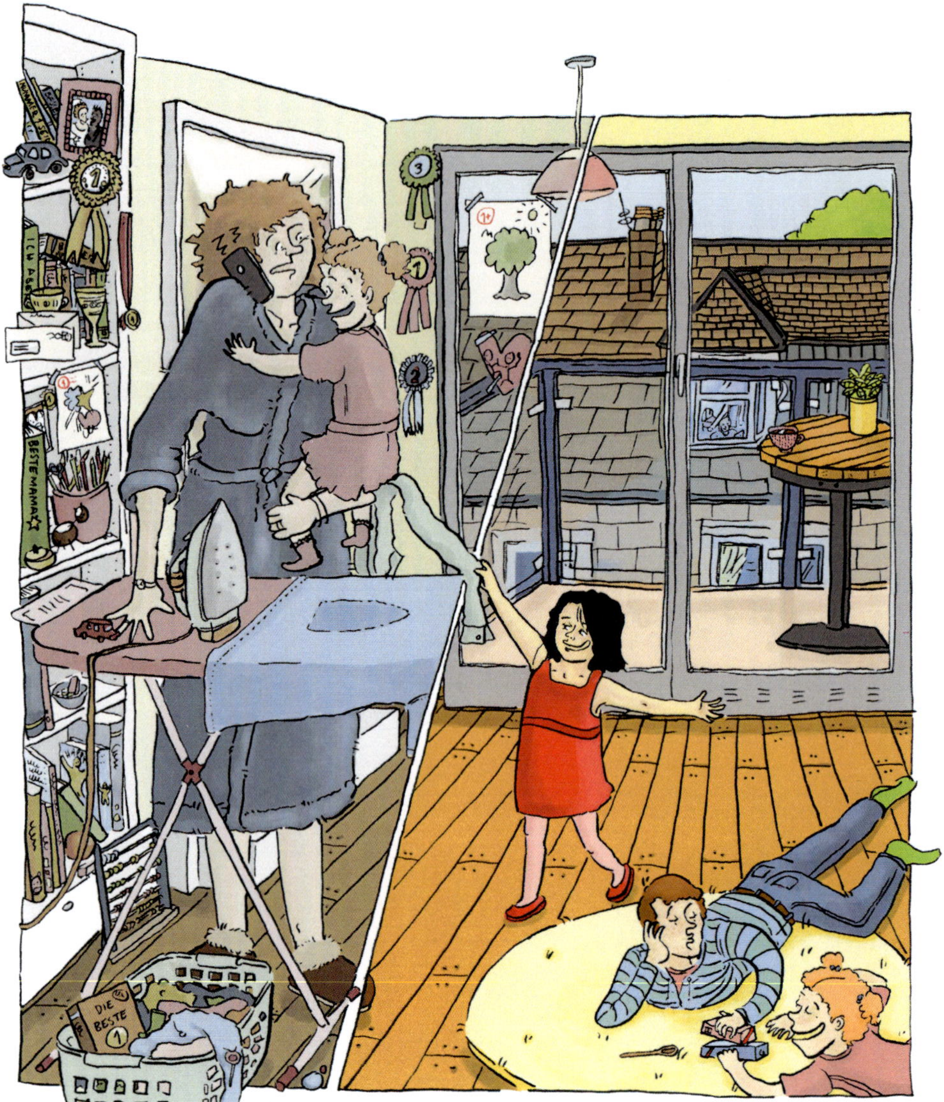
BESTE MAMA
DIE BESTE

(Rastlos) auf dem Weg zur Gegenwärtigkeit

Unsere Kinder leben den gegenwärtigen Moment – und das gnadenlos. Wie wäre es, wenn wir ihrer Einladung in das Jetzt öfter folgen würden?

Maja war am Ende. Sie saß am Küchentisch und einige Tränen der Verzweiflung bahnten sich ihren Weg ganz langsam ihre Wangen hinunter. Sie war am Ende ihrer Kraft. Das Leben mit ihren zwei Kleinkindern hatte die einst lebenslustige und optimistische Frohnatur in eine emotional unausgeglichene und gereizte Person verwandelt. Der Vater ihrer Kinder war sehr eingespannt in seinen Job, und auch er musste viel Kraft aufwenden, um nicht in einem dauerhaften „Zuviel" zu ertrinken. Die Kombination „Vater, Mutter, Kinder" hatte sich in einen giftgrünen Cocktail verwandelt. Ihre Ehe glich eher der „Assistenz der Geschäftsleitung", die nur noch damit beschäftigt war, die Erfordernisse der Kleinfamilie zu regeln und zu organisieren, als einem Ort der wohlwollenden Aufmerksamkeit und der freudvollen Zuwendung. Die Kinder spiegelten die Situation mit anhaltenden Krankheiten, Wutanfällen oder der Unfähigkeit, abends ins Bett zu gehen.

Alle vermissten die Süße und Leichtigkeit, die sie noch vor wenigen Jahren gespürt hatten. Auch eine Verabredung von Vater und Mutter zweimal im Monat oder Majas wöchentlicher Feldenkrais-Kurs konnten das halb leere Glas nicht mehr auffüllen. Gerade eben war es wieder geschehen: Der Große hatte vor lauter Wut ihr Handy auf den Boden geknallt. Das Display war in tausend Splitter zerbrochen, während die Kleine beim Krabbeln ihre Fingerchen unter die Tür bekommen hatte. Kurz zuvor hatte Klaus angerufen und mitgeteilt, dass er in zwei Wochen für die Firma nach Italien reisen müsste. Er könnte an Majas Geburtstag nicht da sein.

Um sich ein wenig zu betäuben und für Sekunden leichter zu fühlen, nahm Maja das iPad zur Hand und wollte für einige Minuten in Facebook verschwinden. Doch die erste Information, die ihr Auge erhaschte, verschaffte ihr Klarheit:

Sie benötigte Hilfe und würde sich eine Beraterin suchen. Jemanden, der ihr helfen konnte, diesen entsetzlichen Kreislauf zu durchbrechen. Jemanden, der diesem Szenario ein Ende machen würde. Jemanden, der ihr sofort fünf bis 22 Tipps geben würde, wie dieser Trip abzustellen wäre. Sie wollte googeln, wo sie jemanden dieser Art finden könnte, und wusste nicht recht, was sie in das Suchfeld eingeben sollte. Beraterin? Kinder? Familienzentrum? Das kotzt mich an? Psychologin? Familienberatung? Will nicht mehr? Eheberatung? Urlaub? Mutter-Kind-Kur? Lebensberatung? Aussteigen? Wut bei Kindern? Haushaltshilfe? Weltreise? Au-pair-Agentur? Paarberatung? Depression? Starke Frauen? Ich bin dann mal weg? Wieder arbeiten gehen? Wellness-Urlaub? Selbstverwirklichung? Ganztagsbetreuung? Kindererziehung? Kino? Übermäßiges Essen? Betäubungsgewehr?

Plötzlich fiel ihr diese Anzeige ins Auge: „Sophia, eigensinnige Beratung in allen Lebenslagen. www.eigensinnigsein.de." Maja spürte Gänsehaut auf ihren Unterarmen, ein deutliches Zeichen, dass diese Anzeige für sie goldrichtig sein könnte.

Drei Wochen später fand sich Maja in der Beratungspraxis von Sophia wieder. Ihre Freundin hatte sich bereit erklärt, die Kinder für diesen Vormittag zu hüten. Der sympathisch wirkende junge Mann an der Rezeption bat sie für einen kleinen Moment Platz zu nehmen. Er schien erfreut zu sein, sie zu sehen. Er teilte ihr mit, dass Sophia in wenigen Minuten für sie da wäre. Es war eine neue Erfahrung, diese kurze Begegnung mit der männlichen Sprechstundenhilfe. Sie konnte sich nicht erinnern, jemals in einer Praxis derart begrüßt und willkommen geheißen worden zu sein.

Der junge Mann deutete ihr an, dass sie nun das Beratungszimmer betreten könnte, und Maja raffte voller Aufregung ihre Sachen zusammen, bevor sie etwas schüchtern und erwartungsvoll an die Tür klopfte. Das große, helle Zimmer war leer. Die Fenster waren leicht geöffnet und weiße, tuffige Vorhänge bewegten sich nervös im Durchzug, bis sie die Tür wieder geschlossen hatte. In der Mitte saß ein etwa vierjähriges Mädchen. Es begrüßte Maja mit einem breiten Grinsen und zeigte ihr mit einem wortlosen Klopfen auf den Boden, dass sie sich zu ihm setzen möge.

Der Raum war leer, am Boden hockte ein kleines Kind, das im Kindergartenalter war. Sollte dies die vielgerühmte Beraterin „Sophia" sein? Ja.

Sophia fragte, was sie für Maja tun könnte? Völlig selbstverständlich, ohne viel Tamtam, langte sie mitten hinein. Sie ließ Maja keine Sekunde im Zweifel, dass sie die erfahrene Beraterin war. Etwas verunsichert fummelte Maja an ihrer Handtasche herum, bevor sie sich an das Kind wandte: „Ich bin Maja und ich habe zwei kleine Kinder plus minus in deinem Alter. Ich habe einen Mann, mit dem ich noch vor wenigen Jahren eine freudvolle, lebendige Beziehung geführt habe. Ich kümmere mich um unsere Kids, während Klaus berufstätig ist. Er kommt immer erst spät nach Hause. Er ist müde, ihm ist alles zu viel, ich bin müde und genervt und mir ist alles zu viel. Unsere Kinder sind so anstrengend und ich will das Leben so nicht mehr. Ich will eine Veränderung, ich will eine Hoffnung auf leichteres Fahrwasser. Ich will wieder lachen und ich will ein Stück von dem zurück, was ich einst hatte. Kannst du mir helfen?"

„Spiel mit mir!", forderte Sophia sie mit funkelnden Augen auf. „Komm, spiel mit mir!" „Ich will jetzt nicht spielen", erwiderte Maja. Sie war enttäuscht. Sie wollte Informationen und Tipps. Sie wollte eine konkrete Anleitung, wie sie ihre Probleme und ihre Unzufriedenheit loswerden konnte. Sie wollte nicht spielen. Schon gar nicht, wo sie doch zu Hause schon keine Zeit dafür hatte. Ständig forderten die Kleinen sie auf, mit ihnen zu sein und zu spielen. Sie konnte nicht, sie hatte keine Zeit und vor allem keine Lust. Kinderkram. Sie musste sich tagein, tagaus mit den ernsthaften Dingen des Alltags beschäftigen. „Spiel doch mit mir, bitte!" Sophia startete einen erneuten Versuch und Maja wehrte noch immer ab, indem sie nun erklärte, dass es doch ein ganz leerer Raum wäre. Hier könnte man ja nicht spielen, es wäre ja gar nichts zu spielen da. Das würde ja gar nicht gehen.

Sophia piekte Maja mit dem Finger in den Arm, dann ein zweites Mal. Sie wollte sie ein wenig ärgern und herausfordern. Erneut forderte sie Maja zum Spiel auf und erklärte ihr, dass man kein Spielzeug benötigte, um ordentlich spielen zu können. Man brauchte kein „Zeugs". Man könnte miteinander spielen, man müsste lediglich einmal damit beginnen. Man könnte es nicht planen, man bräuchte lediglich eine Bereitschaft, dieses Spiel zu spielen. Maja zierte sich. In ihrem Inneren gab es Aufruhr und ein Streitgespräch. Sie wollte spielen und sie wollte auch nicht spielen. Sie verspürte diesen inneren Drang, mit Sophia einfach anzufangen, und im nächsten Moment unterbrach ihr Verstand den Impuls mit Kommentaren wie: „Das ist doch albern. Dafür bin ich doch nicht hierhergekommen! Den Kinderkram muss ich auch noch zahlen. Wie soll ich das Klaus erklären? Das ist doch verrückt!"

Eher zaghaft, aber immerhin mit einem Lächeln im Gesicht, piekte Maja Sophia nun ebenfalls in den Arm und war überrascht, dass sie im selben Moment die Zunge rausstreckte und ein albernes „Blllffffhhh"-Geräusch machte. Kaum wenige Minuten später fanden sich beide kringelnd und lachend und purzelnd auf dem Boden wieder. Sie lachten und balgten sich. Sie rangelten und kämpften, immer achtsam und bedacht, um der anderen nicht wehzutun. Irgendwann zog Maja die Schuhe aus und setzte Arme und Beine gleichzeitig ein, um in körperlicher Verbindung zu sein. Ihr ganzer Körper wurde zu einem intelligenten Instrument, dass völlig ohne zu denken in einen intensiven und körperlichen Austausch mit Sophia verstrickt war. Die beiden lachten und quietschten, nur um einige Zeit später erschöpft und zufrieden auf dem Rücken zu liegen. Sophias Fuß lag lässig auf Majas Bauch, beide schnaubten und genossen für Minuten die große Stille, die sich in ihren Körpern breitmachte.

Es war der lang ersehnte Zustand des Einfach-sein-Dürfens. Lange hatte Maja nicht mehr so einen Spaß gehabt. Es war einfach nur toll gewesen. Sequenzen von intensiver Bewegung und Minuten der völligen Stille hatten sich abgewechselt. Es müssen gute siebzig Minuten gewesen sein, die die beiden zwischen Ebbe und Flut verbracht haben. Ohne in die Vergangenheit verstrickt zu sein, ohne sorgenvolle Gedanken an das Zuhause oder die Zukunft. Alles war wie weggeblasen.

Kaum war die Zeit zu Ende, war er wieder da, Majas Verstand. Unvermittelt setzte er ein. Sie wollte sofort wissen, was sie nun aus dieser Erfahrung machen könnte. Wie sie das in den Alltag zu Hause einbauen könnte. Ob es ein Buch oder eine Information zu der Sache gäbe, die sie ihrem Mann mitbringen könnte? Sie fragte Sophia nach einer Erklärung für diese eigenartige und nährende Zeit, sie wollte es verstehen und verarbeiten. Sophia stand auf, kratze sich beiläufig zwischen Schulter und Nacken. Dabei zog sie eine genussvolle Grimasse, sagte dann: „Jetzt mag ich nicht mehr, ich hab Durst!" und verließ den Raum.

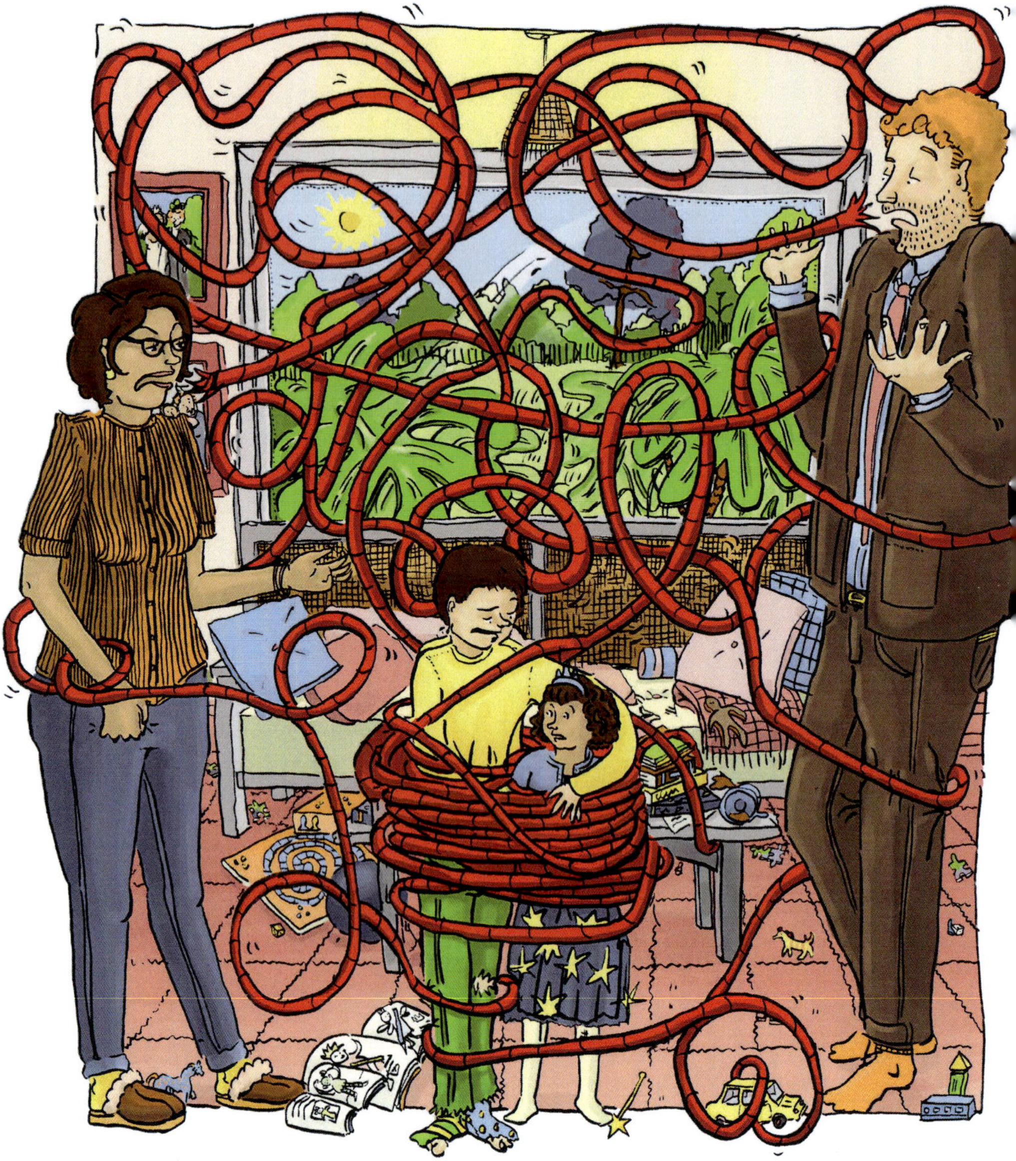

(In Erziehungsfragen) an einem Strang ziehen

Unterstützung können wir gut gebrauchen, wenn es mal anstrengend wird. Dabei sind Mitgefühl und Wohlwollen heilsamer als Druck und Stress. Gib's weiter ...

Als die Polizei eintraf, hatten die Kinder schon lange aufgegeben. Sie saßen mehr oder minder teilnahmslos in der Mitte des geräumigen und modern eingerichteten Wohnzimmers. Den Beamten bot sich ein seltsamer Anblick, als sie das Haus in der angesehenen Wohngegend der Stadt betraten: Vater und Mutter standen im Raum, und jeder der beiden hatte ein Ende eines kräftigen Taus in den Händen. In der Mitte des Raumes saßen die beiden Kinder am Boden. Laut Polizeibericht waren sie zwischen 4 und 8 Jahren alt. Das Tau umschloss ihre beiden Körper auf Bauchhöhe. Sie waren damit umwickelt, ähnlich wie man zwei Körper an einen Marterpfahl binden würde. Die jeweiligen Enden der Seile hatten die Eltern fest in der Hand. Die Beamten konnten allen Beteiligten eine große Erschöpfung ansehen. Die Kinder waren still, ihre Augen auf den Boden gerichtet. Es lagen Scherben am Boden und Kleinmöbel waren umgefallen. Diese Szene zeigte das sichtbare Ende eines monate-, wenn nicht gar jahrelangen Tauziehens um die richtige Erziehung der Kinder. Nachbarn hatten die Polizei angerufen, nachdem in der ehrwürdigen Wohngegend laute Streitgeräusche und verzweifeltes Kindergeschrei zu hören gewesen waren.

Lena war in Kindergarten und Schule eine angesehene und aktive Mutter. Sie war initiativ, und man konnte sich auf sie verlassen. Sie war eine gebildete Frau und hatte ihre Karriere zugunsten der Kinder aufgegeben. Ihre Talente setzte sie in der Organisation und in ehrenamtlichen Tätigkeiten in Vereinen, Kindergarten und Schule ein. Sie war beliebt. Nicht nur wegen ihrer guten vollwertigen und biologischen Kuchen, sondern weil sie auch ein Händchen fürs Fundraising hatte. Benötigte der Kindergarten eine gewisse Summe für die Öffentlichkeitsarbeit, so wendete man sich vertrauensvoll an sie. Sie hatte in Nullkommanichts das erforderliche Budget zusammen. Mit den Kindern war sie geduldig und durchaus in der Lage, ihnen auf Augenhöhe zu begegnen. Ihr Bücherregal mit Erziehungsliteratur war gut bestückt. Sie selbst sah sich als fortschrittlich denkend in Erziehungsfragen und war bereit, in Bildungsfragen neue Wege zu gehen. Mit einigem Aufwand konnte sie ihren Mann Tobias von dem Montessori-Kindergarten und später von der Montessori-Schule für den Ältesten überzeugen.

Das war nicht leicht, denn Tobias hatte andere Ideen von Erziehung und Lernen. Er selbst entstammte einer Lehrerfamilie, und sein Job als Controller verlangte alles von ihm. Unter der Woche kam er selten vor 19 Uhr nach Hause. Dann brachte er sich pflichtbewusst ein und die beiden Kinder zu Bett. Er konnte nicht so recht verstehen, warum das jeden Abend so einen Zirkus geben sollte. Seine Mutter hatte ihm längst zu verstehen gegeben, dass Lena den Kindern viel zu viel Freiheit lassen würde. Sie müsse sich doch mal durchsetzen. Wann immer sie bei seinen Eltern waren, fühlte er sich unwohl, denn er fand sich zwischen den Stühlen sitzend vor: Ohne Unterlass soufflierten die Großeltern und gaben beiden zu verstehen, dass dieses oder jenes ungebührliche Verhalten der Kinder zu ihrer Zeit nicht denkbar gewesen wäre. Ein Hoch auf die Disziplin, auf Konsequenzen und das unbedingte Einhalten von gewissen Grenzen! Sollten seine Eltern vielleicht recht haben? Er hatte aber keine Kraft für die ständigen Diskussionen mit seiner Frau.

Im Grunde lief alles. Es war okay. Wenn nur nicht diese ständigen Auseinandersetzungen wären, Lenas unverbesserliche Art, ihn ständig fortbilden und erziehen zu müssen. Manchmal musste er einfach auf den Tisch hauen, für Ruhe und Ordnung sorgen. Lena tat es nicht, sie hielt sich lieber an die schöngeistige und allzeit nachsichtige Art. Manchmal kotzte ihn das Ganze an. Konnte es nicht mal wieder leicht und unkompliziert sein? An dem Tag, als die Polizisten ins Haus kamen, war ein heftiger Streit zwischen den beiden entfacht. Ein Machtkampf um die richtige Erziehung der beiden Kinder: Lena war der Meinung, dass Eltern doch lernen müssten, auf Augenhöhe mit den Kindern zu sein. Fast jeder ihrer Ratgeber verwies in diese Richtung, und im Alltag mit den Kleinen versuchte sie, diesen Maßstäben gerecht zu werden. Das gelang ihr mal mehr und mal weniger gut. Wenn sie dann abends müde war und am Ende ihrer Kräfte, dann platzte ihr immer mal wieder die Hutschnur. Dann war sie selbst sehr unzufrieden mit sich und gereizt.

Das waren solche Momente, in denen Tobias nach einem langen Arbeitstag nach Hause kam und seine Familie vorfand. Er, der auch müde war und auf der Suche nach ein wenig heimeliger Harmonie, betrat das aufgebrachte Wespennest. So auch an jenem Abend. Ahnungslos darüber, dass der Tag im Grunde ganz okay verlaufen war, meinte er nun, machtvoll und dominant sein zu müssen, um diesem Abendterror ein Ende zu setzen. Es kam zum großen Streit. In der Mitte die Kinder, um deren Erziehung und Zukunft es angeblich ging. Lena schrie, dass er keine Ahnung hätte und dass die Zeiten von Macht und Kontrolle vorbei seien. Es ginge darum, aus den Gedanken der Erziehung auszusteigen und mehr Wert auf eine gute Beziehung zu legen. Tobias konterte lautstark, dass sie ja sehe, was für ein Stress dabei herauskäme. Die Kinder tanzten ihr auf der Nase herum! Als er die Worte „Meine Eltern ..." in den Mund nahm, drehte sie durch und schmiss die Vase auf den Boden, die beide von seinen Eltern zur Hochzeit bekommen hatten.

In dieser Dynamik ging es lautstark hin und her, bis die Polizei im Wohnzimmer der Familie stand. Die Kinder gefesselt zwischen den beiden Eltern, die vergeblich versuchten, in Erziehungsfragen an einem Strang zu ziehen. Einer der Polizisten wandte sich mit freundlichen Augen und warmer Stimme den Kindern zu. Seine Berührungen waren zielstrebig, fast schon zärtlich, seine Bewegungen langsam. Beim Loslösen der Stricke summte er einen beruhigenden Ton. Er hatte, wie seine Kollegen auch, eine Sonderausbildung genossen, um Situationen dieser Art binnen kürzester Zeit durch seine hohe Präsenz deeskalieren zu können.

Der andere Polizist streckte Lena ein Taschentuch entgegen. Sie hatte aus Verzweiflung zu weinen begonnen. Sie war erschrocken darüber, wie weit sie gegangen waren. Sie schämte sich entsetzlich. Tobias ließ das Tau fallen und starrte an die Wand. Seine Beine versagten ihm den Dienst, sodass er sich auf einen Sessel setzen musste. Wenige Minuten später saßen alle gemeinsam im Polizei-Bus und fuhren zur Hauptwache. Dort bekamen alle einen warmen Tee. Die Familie war stumm und stand noch unter Schock. Nach etwa einer halben Stunde hatten die Polizisten mit ihren Vorgesetzten die Vorgehensweise besprochen. Sie hatten sich entschieden, die ganze Familie in den Aufzug zu setzen, der 21 Stockwerke nach unten in Richtung Erdinneres führte. Jedes Stockwerk bot eine andere Möglichkeit, um den Menschen, die von der Polizei in Gewahrsam genommen werden mussten, eine Chance auf Heilung und Veränderung zu geben.

Die Polizisten hatten sich im Team für das Stockwerk minus 17 entschieden. Im Stockwerk minus 17 lebte eine Zivilisation, die Familien der heutigen Zeit ein großes Vorbild sein konnte. Dort war es hell und freundlich. Die Menschen bewegten sich achtsam. Überall waren Pflanzen zu sehen. Das Licht unter der Erde wurde von großen Kristallen, die wie Pfeiler das Stockwerk durchzogen, erzeugt. Die Kristalle sammelten das Sonnenlicht an der Erdoberfläche und spiegelten es bis ins Innere der Erde.

Im Stockwerk minus 17 angekommen, lösten sich die Kinder unmittelbar von ihren Eltern. Sie fühlten sich sofort sicher und aufgehoben. Andere Kinder kamen herbei und luden sie direkt zum Spielen ein. Sie würden spielen und spielen und verarbeiten und spielen. Die Polizisten fragten die Eltern, ob sie damit einverstanden wären, etwa drei Wochen hier zu verbringen, um zu erfahren, wie ein Zusammenleben und eine Erziehung der neuen Zeit auch möglich wären. Man kümmere sich um Lenas und Tobias Haus und informiere die Arbeitsstelle. Sie beruhigten Tobias und versicherten ihm, dass er seinen Arbeitsplatz nicht verlieren würde. Er würde sich durch den Aufenthalt in Mutter Erde sogar qualifizieren und seinen Beruf in Zukunft effektiver und gelassener ausüben können. In diesem Moment fragten sich Tobias und Lena, ob sie träumten. Die Situation kam ihnen schräg und unglaubwürdig vor. Sie selbst hatten ihre Kinder gefesselt. Sie hatten sie wegen Uneinigkeit in Erziehungsfragen zwischen sich hin und her gezogen. Jeder in ihrer alten Umgebung hatte gut gemeinte Ratschläge. Man war fest der Überzeugung, dass man in Erziehungsfragen an einem Strang ziehen müsse. Dieser Grundgedanke hatte sie in der Vergangenheit so viel Kraft und Probleme gekostet.

Bis die Polizisten plötzlich in ihrem Haus gestanden hatten. Sie waren warmherzig, verständnisvoll und wohlwollend gewesen. Sie hatten die Eltern in Gewahrsam genommen, aber nicht in eine unfreundliche Zelle bei Wasser und Brot gesteckt. Sie hatten ihnen nicht die Kinder weggenommen und sie in ein

Heim gebracht. Stattdessen hatten sie ihnen einen Tee angeboten, sich um ihr Wohl gesorgt und zeitnah eine Lösung geschaffen. Ein Team von Polizisten hatte über einen möglichen Weg entschieden. Sie hatten die Familie um Erlaubnis gefragt. Sie hatten ihnen zugesagt, sich bis zu ihrer Rückkehr um alles an der Erdoberfläche zu kümmern. Die Verantwortlichen hatten ihnen Sicherheit gegeben und den Ausblick auf eine bessere Zukunft. Sie hatten sie eingeladen, drei Wochen mit dieser geheimnisvollen Zivilisation unter der Erdoberfläche zu leben, um Ideen und Anregungen zu den neuen Formen eines Zusammenlebens zu erhalten. Sie hatten ihnen angeboten, Heilung zu erfahren und zu lernen, wie man seinen Körper auf die Zell-Intelligenz umprogrammieren kann. Diese erlaubt es, nicht mehr länger aus den angestauten Emotionen heraus zu agieren und damit weiteren Stress und Unglück zu generieren. Die Familie hatte erfahren, wie alle zufrieden und glücklich zusammenleben und gesund werden können – diese Informationen hatte es hier im Schnellkurs gegeben.

Minus drei, minus zwei, minus eins. Die vier waren nach drei Wochen Auszeit im Erdinneren in Begleitung eines gut gelaunten Polizisten wieder an der Erdoberfläche angekommen. Man hätte sie nicht auf Anhieb wiedererkannt. Die Kinder waren ein wenig traurig, denn sie hatten auf Stockwerk minus 17 gute Freude bekommen. Sie bedauerten es, wieder an die Erdoberfläche gehen zu müssen. Oben wurden sie freundlich von einer diensthabenden Polizistin begrüßt. Sie war dafür verantwortlich, die Familie in die alten Lebensumstände zu überführen. Schon beim Verlassen der Hauptwache nahmen Tobias und Lena wahr, wie sehr sie sich in den vergangenen Wochen verändert hatten. Sie sahen die Dinge anders als vorher. Sie sahen Farben und Formen. Sie hörten Vögel und die Geräusche der Stadt. Sie hatten keine Sorgen über eine mögliche Zukunft und keinen Ärger und Groll im Bauch. Auf wundersame Weise hatten sie da unten durch das Vorbild der Bewohner von minus 17 gelernt, den gegenwärtigen Moment zu genießen und zu leben. Sie erinnerten sich kaum mehr an den Sachverhalt, der vor Kurzem den Streit ausgelöst hatte.

Sie mussten sich dem Zentrum der Erde nähern, sich mit den Bewohnern von minus 17 verbinden, um am eigenen Körper erfahren zu können, wer sie sind und was ihnen als Eltern möglich ist. Die verstaubte Einstellung, dass man als

Eltern in Erziehungsfragen an einem Strang ziehen müsse, liegt weit hinter ihnen. Es fühlt sich an, als ob man diesen Erziehungsstrang mit Öl versehen hätte. Das Tau ist geschmeidig und rutschig geworden und den Eltern ist es möglich, von einem Ende der Überzeugung an das andere Ende zu gleiten, beweglich zu sein.

Lenas und Tobias' Bewusstsein in Erziehungsfragen hat sich so gedehnt und geweitet, dass sie den Kindern einen sicheren und guten Raum geben können, ohne dabei starr, autoritär oder kontrollierend sein zu müssen. Sie haben Ideen und Anregungen bekommen, wie sie innerlich frei werden können. Erste Schritte sind getan.

15:21
C32A4
IQ187
B
C42B1
IQ 124
A
B344D
IQ 94
A
C63G4
M238
B344D
B784C4
B12G5
99.99%

(Glücklicherweise) aufgewacht

Diese Geschichte habe ich geschrieben, damit du aufwachst und deine Souveränität zurückeroberst. Damit du lernst, eigenSINNig zu SEIN.

Julia hatte soeben einen kleinen Jungen geboren. Kaum war er abgenabelt und den ersten Untersuchungen unterzogen worden, bekam er einen Mikrochip unter die Haut seines Unterärmchens injiziert. Zur selben Zeit wurde die frisch gebackene Mutter versorgt und zurück in ihr Zimmer gebracht. Man schrieb das Jahr 2084. Für die Bevölkerung fast unmerklich hatte man schon vor Jahren damit begonnen, den Eltern das Recht auf die Erziehung ihrer Kinder abzuerkennen. Die Schwangerschaft unterlag starken Kontrollmaßnahmen: Blutuntersuchungen, modernste Verfahren, um in den Mutterleib zu schauen, sowie aufwendige psychologische Testungen wurden verordnet. Hausgeburten sind schon lange abgeschafft worden. Die freie Wahl der Eltern für einen Geburtsort wurde sehr erschwert. Es war unter Androhung von Bußgeldern nur noch gestattet, in ausgewählten Geburtskliniken zu entbinden.

Nach der Geburt wurden die Kinder den Eltern schrittweise entfremdet und damit Tür und Tor geöffnet, um den Eltern das Recht auf Freiheit und Selbstbestimmung zu entziehen. Nachdem dem einzelnen Neugeborenen der G11-Chip injiziert war, war das System der totalen Kontrolle auf den Weg gebracht. Durch die Kinder und den eingepflanzten Chip war es möglich, den individuellen Familienhaushalt zu beobachten, zu beeinflussen und zu kontrollieren. Eigens eingerichtete Rechen- und Kontrollzentren überwachten die Entwicklungsprozesse des Kindes und die täglichen Abläufe in der Familie. Geschickt gesteuerte wirtschaftliche Bedingungen machten es erforderlich, dass Eltern die Kleinsten schon früh in eine staatliche Betreuung geben mussten. Dadurch standen die Mütter schon wenige Wochen nach der Geburt wieder dem Arbeitsmarkt zur Verfügung.

Die Kontrollzentren benötigten ein Heer aus gut ausgebildeten Menschen, die am Computer arbeiten konnten. Das freie Spielen und auch die freie Zeiteinteilung in einer Familie wurden damit unmöglich gemacht. Die Kinder wurden in den Betreuungseinrichtungen von Anfang an Lernprogrammen unterzogen. Eltern waren aber weiterhin damit beauftragt, die Kinder nach den festen Betreuungs- und Arbeitszeiten zu den organisierten und strukturierten Freizeitbeschäftigungen zu transportieren. Eltern wurden mit diesen ganzen Vorgaben zu direkten Handlangern eines durchorganisierten und durchgetakteten Erziehungsprogramms. Die Schule war hier nur die Spitze des Eisberges. Die Formen der Bevormundung und des Machtmissbrauchs gegenüber Eltern hatten ihre Wurzeln bereits im medizinischen System, das nicht minder kontrollierend war als der gesamte Bildungsapparat.

*

Julia wachte auf. Die Hupe eines vorbeifahrenden Autos hatte sie aufgeschreckt. Ihr Schlaf-T-Shirt war durchgeschwitzt, und sie verspürte einen trockenen Hals. Erschrocken blickte sie sich um. Hinter ihr lag ihr Mann, der seine Hände liebevoll und beschützend um sie geschlossen hatte. Seine Hände hatte er unter ihr T-Shirt gewühlt. Er mochte es, ihre nackte Haut in den Händen zu halten. Die beiden Kinder lagen vor ihr im gemeinsamen Bett. Aus dem Traum erwacht, fand sie sich ganz langsam wieder in ihrem Körper ein. Die vertraute Umgebung und die Gerüche ihrer Lieben hatten einen beruhigenden Effekt.

Sie atmete tief durch. Wie dankbar sie doch war, dass sie dieser wundersamen Frau begegnet war, deren Aktivitäten und Aktionen im Internet sie seit Jahren verfolgte. Mit ihrer Hilfe war sie aus dem tagtäglichen Albtraum einer gestressten Familie aufgewacht. Im Laufe der Zeit hatte sie ein Bewusstsein entwickelt, das ihr Kraft gab, um nicht so leicht in dieses übermächtige und allgegenwärtige Erziehungs- und Bildungssystem hineingezogen zu werden. Dieses Hamsterrad hatte ihr einst persönliche Stärke und die Souveränität ihrer eigenen Familie genommen. Sie hatte gelernt, sich für ein freudvolles und zufriedenes Leben einzusetzen, das ihrer persönlichen Natur entsprach. Julia entspannte sich beim Anblick ihrer schlafenden Kinder, küsste ihren Mann auf den Unterarm, während sie im selben Moment ein wohliges Gefühl von Dankbarkeit für ihr Leben durchströmte. Ein Leben im Jahr 2018.

Es gibt mehr Dinge zwischen Himmel und Erde, Horatio,
als deine Schulweisheit sich träumen lässt.

Hamlet aus Shakespeares "Hamlet"

Uta Henrich
Foto von Meik Merkelbach, 2017
www.mmphotodesign.de

Uta Henrich, Jahrgang 1964, ist Mutter von sechs Kindern und lebt in einer alten Mühle am Rande des Westerwaldes. Sie setzt sich mit ihrer Beratungsplattform "Wundersames Lernen" für mehr Freiheit und Selbstbestimmung in Erziehung und Lernen ein. Als Unternehmerin und Bloggerin inspiriert und verhilft sie Eltern zu einem eigensinnigen Erziehungs- und Bildungsweg. Dabei schöpft sie aus ihren Erfahrungen als Mutter, Diplompädagogin, Feldenkrais-Pädagogin und Lehrerin der Tellington-Methode.

Uta Henrich kommt aus einer anderen Galaxie. Irgendwo hinten links im Universum. Sie ist für kurze Zeit auf der Erde zu Gast. Auf ihrem Herkunftsplaneten besteht die einzige Ausbildung, die junge Menschen je machen, darin, sich in ausgeklügelten Bildungswegen (dort nennt man es ‚Leben') daran zu erinnern, wer sie jenseits ihrer derzeitigen Form sind.

wundersameslernen.de
WundersamesLernen

Ida Henrich, Jahrgang 1994, ist Cartoonistin, Illustratorin und Designerin. Sie lebt und arbeitet in Schottland, wo sie 2017 an der Glasgow School of Art ihren Abschluss in Kommunikationsdesign gemacht hat. Zurzeit ist sie Arts Editor eines Frauen-Magazins für psychische Gesundheit. Wenn sie gerade nicht arbeitet oder illustriert, erforscht sie Themen wie Sexualerziehung, Erwachsenwerden und die Erfahrungen von Frauen.

idahenrich.com
idahenrichdesign
@Ida_Henrich
@idahenrich

Wie geht deine Geschichte weiter?

Weiteres von Uta Henrich:

Uta Henrich
Moruli
Der kleine, rote Gummiball und sein Geheimnis

Erhältlich als Ebook auf **Amazon.de**
http://amzn.to/2EybDs5